大学生金融安全知识普及

刘婷婷◎著

中国原子能出版社
China Atomic Energy Press

图书在版编目(CIP)数据

大学生金融安全知识普及 / 刘婷婷著 . -- 北京：
中国原子能出版社, 2022.7（2023.4重印）
ISBN 978-7-5221-2014-0

Ⅰ.①大… Ⅱ.①刘… Ⅲ.①金融 – 诈骗 – 预防 – 中
国 – 青年读物 Ⅳ.①D924.334-49

中国版本图书馆 CIP 数据核字(2022)第 120136 号

大学生金融安全知识普及

出　　版	中国原子能出版社(北京市海淀区阜成路43号 100048)	
责任编辑	蒋焱兰（E-mai：419148731@qq.com）	
特约编辑	李　宏　胡正观	
责任校对	冯莲凤	
责任印制	赵　明	
印　　刷	河北文盛印刷有限公司	
经　　销	全国新华书店	
开　　本	787mm×1092mm　1/16	
印　　张	12.25	
字　　数	230千字	
版　　次	2022年7月第1版	2023年4月第2次印刷
书　　号	ISBN 978-7-5221-2014-0	
定　　价	58.00元	

出版社网址:http://www.aep.com.cn　E-mail:atomep123@126.com
发行电话:010-68452845

作 者 简 介 AUTHOR

刘婷婷，女，汉，山东泰安人，金融学硕士，大学教师，学科负责人。2011年工作至今，在高校从事金融教学工作，致力于互联网金融、金融教育的研究，发表多篇相关论文，主持、参与省级以上课题多项。长期关注大学生金融知识普及教育问题，对大学生金融安全教育进行了深入的研究。

前 言 PREFACE

金融安全教育是高校安全教育的一个重要内容,也是大学生知识体系不可缺少的一个组成部分。随着社会的快速发展和高度开放,教育领域也逐步迈向社会化,大学校园的社会活动更加多元化,校园社会化的现象日趋明显,金融环境越来越复杂。大学生活是大学生进入校园开始独立的第一站,金融安全知识的普及和掌握,直接关系到他们的财产安全,在一定程度上也会影响大学生的身心健康成长,关系到国家和民族的未来。有针对性地加强大学生金融安全教育,增强学生自我安全意识和自我保护能力,营造良好的育人环境,是当前高校教育工作中的一项重要任务。

高等教育在推动社会发展、技术创新、劳动力素质提升等方面起着十分重要的作用。大学生作为国家技术人才的后备力量,是祖国的未来、民族的希望,平安顺利地完成学业是成功走向社会的重要条件。大学生在校期间掌握相关的金融安全知识和技能,可以使大学生提高自我保护和辨别能力,在面对金融陷阱时能够擦亮双眼,抵制不良金融诱惑,懂得维护自己的合法权益,保证自己的财产安全。因此,抓好大学生金融安全教育,对于加强高等院校的日常管理,维护学校的正常教学、科研及生活秩序,保障人身和财物安全等方面,都具有十分重要的现实意义和战略意义。

本书以普及大学生金融安全知识为主线,以金融诈骗防范为重点,较为系统地阐述了大学生需要了解掌握的金融安全知识。在内容体系上,本书共分为三个篇章,第一篇主要介绍了金融基础知识,包括人民币、存贷款、支付结算、理财、人民币汇率与外汇市场等内容;第二篇从银行业安全和保险业安全两个角度,阐述了金融行业的安全知识;第三篇从电子商务诈骗的防范、电信诈骗的防范、网络传销及招聘诈骗的防范、互联网金融诈骗、校园贷骗局及其防范五个方面,具体分析了金融安全与诈骗防范的相关理论、案例与方法总结。全书各章节相互独立,同时相融一体,构建了大学生金融安全知识体系,为普及大学生的金融安全知识、筑牢金融安全理念打下了一定基础,同时为高校金融安全教育工作者提供一些参考和借鉴。

由于水平有限,书中难免存在不妥与疏漏之处,敬请读者批评指正,以使本书进一步完善。

目 录 CONTENTS

第一篇

金融基础知识

第一章 人民币

第一节 人民币概述

一、人民币的特征和职能

《中华人民共和国中国人民银行法》规定，人民币是我国的法定货币，由中国人民银行统一印制、发行。

人民币作为我国的法定货币具有以下特征：

(一)唯一合法性

人民币是我国境内唯一合法货币，具有无限法偿的能力。

(二)价值体现性

人民币是价值符号，是商品价值计价的尺度。

(三)相对稳定性

人民币是相对稳定的货币，即人民币能够保持相对稳定的购买力。

(四)独立自主性

人民币是独立自主的货币，是国家经济主权的象征。国内一切货币收付、计价单位和汇价的确定都由人民币承担。

二、人民币发行的版本

人民币自1948年发行以来，随着经济建设的发展以及人民生活的需要而逐步完善，截止目前，已发行五套人民币，形成纸币与金属币、普通纪念币与贵金属纪念币等多品种、多系列的货币体系。除1、2、5分三种硬币外，第一套、第二套和第三套人民币已经退出流通，第四套人民币于2018年5月1日起停止流通（1角、5角纸币和5角、1元硬币除外）。流通的人民币，主要是1999年、2005年、2015年、2019年、2020年发行的第五套人民币。

(一)第一套人民币

第一套人民币自1948年12月1日开始发行，面额有1元、5元、10元、20

元、50元、100元、200元、500元、1000元、5000元、10000元、50000元,共计12种面额、62种版别。第一套人民币于1955年5月10日全部停止使用(其中,10000元券和50000元券于1955年4月1日停止使用)。

第一套人民币的图案主要是反映了当时解放区的生产建设情况。在62个版别中,除一些票券上设计了名胜古迹外(如长城、颐和园、正阳门、新华门、钱塘江大桥等),其他大部分票券图案反映了当时工农业生产劳动的场面,如织布、炼钢、耕地、秋收、放牧等,图案中的人物基本都是工人和农民的形象。

(二)第二套人民币

中国人民银行自1955年3月1日起发行第二套人民币,共发行11种券别,即纸币1分、2分、5分、1角、2角、5角、1元、2元、3元、5元、10元。为了便于流通,中国人民银行自1957年12月1日起发行了1分、2分、5分3种硬币,与纸分币等值流通,自此我国进入了纸、硬币混合流通阶段。由于后来对1元券和5元券的图案花纹进行了调整和更换颜色,使第二套人民币的版别增加到了16种。

第二套人民币的3元、5元(1953年版)和10元于1964年4月15日停止使用,1角、2角、5角、1元、2元和5元(1956年版)于1999年1月1日停止使用。从2007年4月1日起,第二套人民币的纸分币停止流通。

第二套人民币在5元券和10元券上分别使用了"各族人民大团结"和"工农像"的图案。

(三)第三套人民币

中国人民银行于1962年4月20日开始发行第三套人民币,陆续发行了7种券别、13种版别,具体是:10元纸币1种、5元纸币1种、2元纸币1种、1元纸币1种、5角纸币1种、2角纸币1种、1角纸币3种,1980年4月15日又发行了1角、2角、5角、1元硬币。

第三套人民币于2000年7月1日停止流通。

(四)第四套人民币

中国人民银行自1987年4月27日起发行第四套人民币,共发行9种券别、17种版别,分别是纸币1角1种、2角1种、5角1种、1元3种、2元2种、5元1种、10元1种、50元2种、100元2种,硬币1角1种、5角1种、1元1种。1992年6月1日,中国人民银行又新发行了1角、5角和1元3种硬币。

（五）第五套人民币

自1999年10月1日起，中国人民银行陆续发行第五套人民币。第五套人民币按照印刷工艺可分为1999年版、2005年版和2015年版（100元纸币）。

为了提高第五套人民币的印刷工艺和防伪技术，经国务院批准，中国人民银行对1999年版第五套人民币的生产工艺、技术进行了改进和提高。2005年8月31日，2005年版第五套人民币开始流通。

与1999年版相比，2005年版第五套人民币的纸币规格、主景图案、主色调保持不变，主要有四个方面的调整和提高：一是通过改进印刷生产工艺、技术，提高了人民币整体印刷质量；二是通过防伪措施整合，实现防伪技术应用系统化；三是增加汉语拼音"YUAN"，适应人民币国际化需要；四是1角硬币材质由铝合金改为不锈钢，适应防伪、机读需要。

2015年版第五套人民币100元纸币自2015年11月12日起发行。与2005年版第五套人民币100元纸币相比，2015年版第五套人民币100元纸币在保持规格、正背面主图案、主色调、"中国人民银行"行名和汉语拼音行名、国徽、盲文、民族文字等不变的情况下，根据防伪技术布局和机具处理钞票的需要，对部分图案作了适当调整，并将年号调整为"2015年"。

三、纪念币

中国人民银行还限量发行具有特定主题的人民币——纪念币。纪念币分为普通纪念币和贵金属纪念币，普通纪念币包括普通纪念币和纪念钞，它与市场上流通的同面额的纸币、硬币价值相等，可同时在市场上流通，任何单位和个人不得拒收；贵金属纪念币是指用金、银等贵金属或其他合金铸造的纪念币，其面额只是象征性的，不能参与实际流通。

中国人民银行自1979年开始发行贵金属纪念币，1984年开始发行普通纪念币，纪念币规格材质多种多样，题材涉及重大事件、人物、文化体育、珍稀动物、文化遗产等多方面。

四、残缺、污损人民币兑换

（一）什么是残缺、污损人民币

残缺、污损人民币是指票面撕裂、损缺，或因自然磨损、侵蚀，外观、质地受损，颜色变化，图案不清晰，防伪特征受损，不宜再继续流通使用的人民币。

（二）什么是特殊残缺、污损人民币

特殊残缺、污损人民币是指票面因火灾、虫蛀、鼠咬、霉烂等特殊原因，造

成外观、质地、防伪特征受损,纸张炭化、变形,图案不清晰,不宜再继续流通使用的人民币。

特殊残缺、污损人民币剩余面积是指票面图案、文字、纸张能按原样连接的实物面积,包括与票面原样连接的炭化、变形部分。不能按原样连接的部分,不作为票面剩余面积计算。

(三)残缺、污损人民币兑换

凡办理人民币存取款业务的金融机构应无偿为公众兑换残缺、污损人民币,不得拒绝兑换。

残缺、污损人民币兑换分"全额""半额"两种情况。

一是能辨别面额,票面剩余四分之三(含四分之三)以上,其图案、文字能按原样连接的残缺、污损人民币,金融机构应向持有人按原面额全额兑换。

二是能辨别面额,票面剩余二分之一(含二分之一)至四分之三以下,其图案、文字能按原样连接的残缺、污损人民币,金融机构应向持有人按原面额的一半兑换。

纸币呈正十字形缺少四分之一的,按原面额的一半兑换。

兑付额不足一分的,不予兑换;五分按半额兑换的,兑付二分。

(四)不宜流通人民币挑剔标准

一是纸币票面缺少面积在20平方毫米以上的。

二是纸币票面裂口2处以上,长度每处超过5毫米的;裂口1处,长度超过10毫米的。

三是纸币票面有纸质较绵软,起皱较明显,脱色、变色、变形,不能保持其票面防伪功能等情形之一的。

四是纸币票面污渍、涂写字迹面积超过2平方厘米的;不超过2平方厘米,但遮盖了防伪特征之一的。

五是硬币有穿孔,裂口,变形,磨损,氧化,文字、面额数字、图案模糊不清等情形之一的。

五、爱护人民币

人民币在被使用的过程中,要注意以下方面:第一,人民币要平铺整理,不要揉折;第二,要保持人民币票面整洁,不可以乱写、乱画、乱涂或计数盖印;第三,要防止污染,防止油浸和腐蚀性的化学溶剂侵蚀;第四;金属币不准穿孔、磨边、剪口、扎薄变形;第五,不准随意撕裂、剪割人民币;第六,单位和个人对收进的残损人民币应随时挑剔,交存金融机构或向金融机构兑换,不要对外支付,以保持市场流通人民币的整洁。

同时,根据相关规定,禁止下列损害人民币的行为:

一是故意毁损人民币。

二是制作、仿制、买卖人民币图样。

三是未经中国人民银行批准,在宣传品、出版物或者其他商品上使用人民币图样。

四是中国人民银行规定的其他损害人民币的行为。包括:利用人民币进行商业装饰,制作商业广告,制作工艺品、商品,在喜庆、丧葬活动中抛撒人民币,或将人民币包装在商品中进行促销等[1]。

第二节 人民币防伪与造假

一、什么是假币

假币一般分为两大类,分别是伪造币和变造币。伪造币是仿照真币的图案、文字、形状规格、色彩等,采用印制、打印、复印等多种手段伪造的货币。根据假币伪造手段和方式不同,主要分为机制假币、复印假币、拓印假币、刻板印刷假币等几种类型。

变造假币是在真币的基础上,利用挖补、揭层、涂改、拼凑、移位等多种方法,改变真币形态的货币,分为真真拼凑币和真伪拼凑币。

二、人民币防伪特征

我们日常生活中使用最多的第五套人民币应用了多种先进防伪技术,下面以2015年版的100元纸币为例,介绍人民币主要的防伪特征。

票面特征:2015年版第五套人民币100元纸币规格、正背面主图案、主色调、"中国人民银行"行名和汉语拼音行名、国徽、盲文、民族文字等均与2005年版第五套人民币100元纸币相同,对正背面部分图案作了调整,对整体防伪性能进行了提升。

---

①中国人民银行金融消费权益保护局.金融知识普及读本[M].2版.北京:中国金融出版社,2017.

（一）正面图案主要调整

一是取消了票面右侧的凹印手感线、隐形面额数字凹印手感线、隐形面额数字，取消了票面和左下角的光变油墨面额数字。

二是在票面中央中部位置增加了光彩光变面额数字，在票面右侧增加了光变镂空开窗安全线和竖号码。

三是票面右上角面额数字由横排改为竖排，并对数字样式作了适当调整；中央团花图案中心花卉色彩由橘红色调整为紫色，取消了花卉外淡蓝色花环，并对团花图案、接线形式作了适当调整；胶印对印图案由古钱币图案改为面额数字"100"，并由票面左侧中间位置调整至左下角。

（二）背面图案主要调整

一是取消了右侧的全息磁性开窗安全线和右下角的防复印标记和全息磁性开窗安全线。

二是减少了票面左右两侧边部胶印图纹，适当留白；胶印对印图案由古钱币图案改为面额数字"100"，并由票面右侧中间位置调整至右下角；面额数字"100"上半部颜色由深紫色调整为浅紫色，下半部由紫大红色调整为橘红色，并对线纹结构进行了调整；票面局部右侧螺旋装饰图案色彩由蓝红相间调整为紫红相间；左上角、右上角面额数字样式形式均作调整。

三是年号调整为"2015年"。

（三）防伪特征

2015年版第五套人民币100元纸币采用了目前较为先进的防伪技术，主要包括以下7处。

1. 光变镂空开窗安全线

位于票面正面右侧。垂直票面观察，安全线呈品红色；与票面成一定角度观察，安全线呈绿色；透光观察，可见安全线中正反交替排列的镂空文字"￥"和"100"。

2. 光彩光变面额数字

位于票面正面中部。垂直票面观察，面额数字以金色为主；平视观察，面额数字以绿色为主。随着观察角度的改变，面额数字颜色在金色和绿色之间交替变化，并可见到一条亮光带上下滚动。

3. 固定人像水印

位于票面正面左侧空白处。透光观察，可见毛泽东头像水印。

4.胶印对印图案

票面正面左下方和背面右下方均有面额数字"100"的局部图案。透光观察,正背面图案组成一个完整的面额数字"100"。

5.横竖双号码

票面正面左下方采用横排冠字号码,其冠字和前两位数字为暗红色,后六位数字为黑色;右侧竖号码为蓝色。

6.白水印

位于票面正面横排冠字号码下方。透光观察,可以看到透光性很强的水印面额数字"100"。

7.雕刻凹印

票面正面毛泽东头像、国徽、"中国人民银行"行名、右上角面额数字、盲文面额标记数字及背面主景人民大会堂等均采用雕刻凹印印刷,用手指触摸有明显的凹凸感。

三、真假币鉴别

当收到疑似假币时,应当采取看、摸、听、测相结合的综合方法进行识别、鉴定,下面以2005年版第五套人民币为例,详细介绍鉴别真假币的四种方法。

(一)看——真假币对照法

将可疑币和真币进行对照,迎光观察人民币的水印、红蓝彩色纤维、阴阳互补对印图案和安全线;将票面置于与眼睛接近平行位置,观察光变油墨面额数字和隐形面额数字。真人民币的各种颜色光泽鲜亮,图案轮廓清晰,层次分明,立体感强,印制精细,迎光透视时,可看到正面右侧有一条上下贯通的黑色金属线;而假币由于粗制滥造,多数票面颜色浑浊、色泽灰暗。具体来说,有以下方面。

1.水印

人民币水印通过纸张纤维堆积的高度不同使局部纸张厚度出现差异,迎光观察呈现某种图案的实物线。真人民币的水印,都是在造纸过程中做在纸张中的,将人民币平放时,一般看不出水印的迹象,但只要迎光透视,均可看到纸币中含有层次丰富、立体感强的水印;而假币一般没有水印,即便有也是用印模后盖上去的,平放时有水印轮廓,迎光透视时,有的反面看不清楚,有的则特别明显,其水印图案结构简单,无立体感,且图像失真。

2.阴阳互补对印图案

迎光观察时,假币的正背图案重合得不够完整,有线条错位现象。

3.安全线

真币的安全线是立体实物与钞票纸融为一体,有凸起的手感。假币的安全线有两种,一是在纸张夹层中放置的假安全线,与纸张结合较差;二是在假币表面用油墨印刷上一条假安全线,如加入立体实物,会出现与票面皱褶分离的现象。

4.光变油墨面额数字

假币的光变油墨面额数字不会产生颜色变化或变化不明显。

5.隐形面额数字

假币的隐形面额数字分为两种,一是在垂直观察时即可看到,而真币是看不到的;二是根本看不到面额数字。

(二)摸——手感触摸法

所谓手感触摸法即依靠手指触摸钞票的感觉来分辨人民币的真伪。人民币采用特种原料,由专用设备特制的印钞专用纸张印制,其手感光滑,厚薄均匀,坚挺有韧性。手感与摸普通纸的感觉不一样。纸币薄厚适中,挺括度好。

另外,人民币采取凹版印刷,线条形成凸出纸面的油墨道,特别是在凹印手感线、盲文点、"中国人民银行"字样、人民币人像部位等。用手指抚摸这些地方,有较明显的凹凸感,较新钞票用指甲划过,有明显阻力。第五套人民币纸币各券别正面主景均为毛泽东头像,采用手工雕刻凹版印刷工艺,形象逼真、传神,凹凸感强,易于识别。而假币采用的则是胶版印刷,平滑、无凹凸手感,还有的假币在相应部位压痕或涂抹胶水来模仿凹印效果。近年新版大面额人民币纸中还有金属线,或正面右下方都有数个黑点,黑点不像其他图案一样是印上去的;明显有一定厚度。

(三)听——纸张分析法

即通过抖动钞票发出声响,根据声音来判别人民币真伪。人民币是用专用特制纸张印制而成的,具有挺括、耐折、不易撕裂等特点,手持钞票用力抖动、手指轻弹或两手一张一弛轻轻对称抖动钞票,均能发出清脆响亮的声音。而假币纸张发软,偏薄,声音发闷,不耐揉折。

(四)测——工具检测法

即借助一些简单工具或专用鉴别仪器进行钞票真伪识别的方法。例如,借助放大镜来观察票面线条清晰度、胶、凹印缩微文字等;或用荧光检测,检测纸张有无荧光反应。人民币有一到两处荧光文字,呈淡黄色。大多数假币不含荧光纤维,缺少荧光图案,即使有荧光图案,其颜色往往不正,亮度偏暗,呈惨白色。

用紫外灯光照射票面,可以观察钞票纸张和油墨的荧光反应。将真币置于紫光灯下,票面颜色无刺眼现象;假币则出现刺眼的蓝白光。但用这种方法检测时,有时个别真币由于接触过肥皂粉等,也会出现刺眼的蓝白光。因此,用紫光检测时还须观察其他特征。

另外,还可借助仪器检测人民币的缩微文字、荧光反应以及黑色横号码的磁信号来辨别人民币的真伪[1]。

第三节 疑似假币的处理方法

根据《中华人民共和国人民币管理条例》和《中国人民银行假币收缴、鉴定管理办法》,当对人民币的真伪存在怀疑时,可以到中国人民银行以及中国人民银行授权的银行业金融机构进行货币真伪鉴定。

日常生活中关于假币的处理方法有:一是在日常生活中误收假币,不应再使用,应上缴当地银行或公安机关;二是看到别人大量持有假币,应劝其上缴,或向公安机关报告;三是发现有人制造、买卖假币,应掌握证据,向公安机关报告。

中国人民银行、公安机关发现伪造、变造的人民币,应予以没收,加盖"假币"字样戳记,并登记造册。办理人民币存取款业务的金融机构发现伪造、变造的人民币,数量较多、有新版的伪造人民币或者有其他制造贩卖伪造、变造人民币线索的,应立即报告公安机关;数量较少的,由该金融机构两名以上工作人员当面予以收缴,加盖"假币"字样戳记,登记造册,并向持有人出具中国人民银行统一印制的假币收缴凭证,并告知持有人可以向中国人民银行或者向中国人民银行授权的银行业金融机构申请鉴定。

持有人对被收缴货币的真伪存有异议,可以自收缴之日起3个工作日内,持假币收缴凭证,直接或通过收缴单位向中国人民银行当地分支机构或中国人民银行授权的当地鉴定机构提出书面申请鉴定。

---

[1]方秀丽.人民币反假知识读本[M].杭州:浙江工商大学出版社,2012.

第二章 存贷款

第一节 存款

一、存款的概念与种类

(一)存款概述

存款是存款凭证或记录所代表的各类组织机构(包括各类企事业单位、机关、团体)和个人对银行的债权,他们可以按照约定的条件支取或转账。从银行的角度看,则是对存款人的一种债务。

(二)存款的种类

存款种类的划分标准有很多种,通常按照以下两种标准区分不同形式的存款。

1.按存款人不同

按存款人不同,存款分为个人存款和单位存款。其中,个人存款又称储蓄存款,单位存款又称对公存款。

2.按业务品种不同

按业务品种不同,存款可分为活期储蓄存款、定期储蓄存款、通知存款等品种。

根据存款人不同,可以分为个人存款和单位存款。其中,个人存款的业务品种包括:活期储蓄存款、定期储蓄存款(包括整存整取、零存整取、整存零取和存本取息)、定活两便储蓄存款、个人通知存款和教育储蓄存款。单位存款包括:单位活期存款、单位定期存款、单位通知存款、单位协定存款和保证金存款。

(三)外币存款

外币存款业务与人民币存款业务除了存款币种和具体管理方式不同之外,有许多共同点:两种存款业务都是存款人将资金存入银行的信用行为,都可按存款期限分为活期存款和定期存款。许多银行提供"本外币一本通"之类的存款产品,实际上已将人民币账户与外币账户的界限淡化。

目前,我国银行开办的外币存款业务主要有美元、欧元、日元、港元、英镑、澳大利亚元、加拿大元、瑞士法郎、新加坡元等几种。其他可自由兑换的外币不能直接存入账户,需由存款人自由选择已开办外币存款中的一种,按存入日的外汇牌价折算存入。

二、个人存款

个人存款又叫储蓄存款,是指个人在银行的存款。

(一)活期存款

1.活期存款的概念

活期存款是指不约定期限,可随时转账、支取并按期给付利息的个人存款。

2.活期存款的特点

储户存款、取款灵活方便;储户在通存通兑区域内银行的任一联机网点都可以办理存取款、查询及口头挂失等业务;具有代收代付、代发工资等功能;适合于个人生活待用款的存储。

3.活期存款的办理程序及注意事项

(1)储户凭有效身份证件办理开户。申请开户时,储户需正确填写开户申请书。

(2)银行操作员认真审查存款凭条各要素,核实储户提交的有效身份证件。收妥资金后,由银行发给存款凭证(存折或银行卡)。若储户要求办理通存通兑业务,应提示储户输入密码。

(3)通常情况下,储户凭存折或银行卡办理续存或支取手续。

在办理通存通兑业务时,对有下列情况之一者不予通存通兑,需提请储户回原开户银行网点办理业务:①储户要求凭印鉴支取的账户;②各种原因止付的存款的销户;③正式挂失及解除挂失,冻结账户及解除冻结;④账号、公章、经办员名章及字迹辨认不清的存单。

(二)定期存款

定期存款是约定存期、利率,到期支取本息的个人存款。根据不同的存取方式,定期存款分为四种,即整存整取、零存整取、整存零取和存本取息。其中,整存整取最为常见,是定期存款的典型代表。

1.定期存款利率

定期存款利率视期限长短而定,期限越长,利率越高。若在存款到期前要求提前支取,有时会受到限制,而且还有利息损失。

2.到期支取的定期存款计息

利息金额=本金×年(月)数×年(月)利率

取回金额=本金+利息

3.逾期支取的定期存款计息

超过原定存期的部分,除约定自动转存外,按支取日挂牌公告的活期存款利率计付利息。

4.提前支取的定期存款计息

提前支取部分按活期存款利率计付利息,其利息同本金一并支取。

5.存期内利率调整的定期存款计息

存期内遇有利率调整,仍按存单开户日挂牌公告的相应定期存款利率计息。

(三)其他种类的储蓄存款

除了活期存款、定期存款以外,还有下面几种常见储蓄存款种类。

1.定活两便储蓄存款

存期灵活:开户时不约定存期,一次存入本金,随时可以支取,银行根据客户存款的实际存期按规定计息。

利率优惠:利息高于活期储蓄。

2.个人通知存款

开户时不约定存期,预先确定品种,支取时提前一定时间通知银行,约定支取日期及金额。

3.教育储蓄存款

父母为子女接受非义务教育而存钱,分次存入,到期一次支取本金和利息利率优惠:一年期、三年期教育储蓄按开户日同期同档次整存整取定期储蓄存款利率计息;六年期按开户日五年期整存整取定期储蓄存款利率计息。

(四)储蓄存款利息个人所得税

储蓄存款利息个人所得税,经常被简称为利息税,是对个人在中华人民共和国境内的储蓄机构存储人民币、外币取得的利息所得征收的个人所得税[①]。

---

① 董作文,孙晶晶,孟钊兰.金融学[M].北京:机械工业出版社,2019.

第二节 贷款

一、贷款概述

贷款是银行将资金直接贷给债务人所形成的债权。广义的贷款是贷款、贴现、透支等出贷资金的总称。

贷款的还款方式由借贷双方在合同中约定,一般采用一次性还本付息、定期付息到期还本、等额本息还款法、等额本金还款法、滞后等额本息还款法、滞后等额本金还款法等多种还款方式。

二、个人贷款

(一)个人贷款的概念和分类

个人贷款是指以自然人为借款人的贷款。个人贷款主要分为个人消费贷款(包括个人购买住房、购买汽车、住房装修、旅游、教育、购买大件耐用消费品及其他生活消费用途的贷款)和个人经营贷款。

(二)个人住房贷款

个人住房贷款是贷款人向借款人发放的用于购买住房的贷款。贷款人发放个人住房贷款时,借款人必须提供担保,如果借款人到期不能偿还贷款本息,贷款人有权依法处理其抵押物。

个人住房贷款有三种,分别是个人住房商业性贷款、住房公积金贷款和个人住房组合贷款。个人住房商业性贷款是银行用信贷资金发放的贷款。住房公积金贷款的资金来自职工缴存的住房公积金存款,因此这类贷款只贷给那些住房公积金缴存人,用于购买、建造、翻建、大修自住住房,但有最高贷款额度的限制。个人住房组合贷款是上述两种贷款的组合。

银行办理住房贷款通常采用两种分期还本付息方式。一是等额本息还款法,贷款期限每月以相等的数额偿还贷款本息;二是等额本金还款法,每月等额偿还贷款本金,贷款利息随本金逐月递减。

1.住房商业性贷款

借款人须同时具备各项条件:具有购买住房的合同或者协议;有稳定的职业和收入,信用良好、有偿还贷款本息的能力;有一定比例的首付款;符合贷款人规定的其他条件;有贷款行认可的资产作为抵押或质押,或有足够代偿能力的单位或自然人作为保证人。

2.住房公积金贷款

住房公积金贷款是指由各地住房公积金管理中心运用职工以其所在单位所缴纳的住房公积金,委托商业银行向缴存住房公积金的在职职工,和在职期间缴存住房公积金的离退休职工发放的房屋抵押贷款。住房公积金是指国家机关、国有企业、城镇集体企业、外商投资企业、城镇私营企业及其他城镇企业、事业单位及其在职职工缴存的长期住房储金。职工缴存的住房公积金和职工所在单位为职工缴存的住房公积金,是职工按照规定储存起来的专项用于住房消费支出的个人储金,属于职工个人所有。职工离职退休时本息余额一次付偿,退还给职工本人。

住房公积金贷款的类别有:新房贷款、二手房贷款、自建住房贷款,住房装修贷款、商业性住房贷款转公积金贷款等。需要注意的是,不是所有的公积金中心都提供以上类别的贷款,具体情况需要咨询当地住房公积金管理机构。相对于商业住房贷款,住房公积金贷款具有利率较低,还款方式灵活,首付比例低的优点,缺点在于手续烦琐,审批时间长。

个人住房贷款的计息方式和还款方式,由借贷双方协商确定,可在合同期内按月度、按季度、按年度调整,也可采用固定利率的确定方式。

(三)个人汽车贷款

个人汽车贷款是指授权开办汽车贷款业务的银行经办机构向个人借款人发放购买汽车(含二手车)的贷款业务,包括个人自用车贷款和个人商用车贷款。

(四)教育助学贷款

助学贷款是指银行向正在接受高等教育的在校学生及其直系亲属、法定监护人,或准备接受各类教育培训的自然人发放的人民币贷款业务。其中,国家助学贷款是指对符合中央和地方财政贴息规定的高等学校在校学生发放的人民币贷款。生源地信用助学贷款是指符合条件的家庭经济困难的普通高校新生、在校生和家长(或其他法定监护人)向学生入学户籍所在县(市、区)的学生资助管理中心或金融机构申请办理,由国家开发银行等金融机构发放,帮助家庭经济困难学生支付在校学习期间所需的学费、住宿费的助学贷款;生源地信用助学贷款为信用贷款,不需要担保和抵押,学生和家长(或其他法定监护人)为共同借款人,共同承担还款责任。一般助学贷款是指对高等学校在校学生和新录取学生以及在职深造、再就业培训、出国留学人员发放的商业性人民币贷款。

三、注册商标专用权质押贷款

(一)注册商标专用权质押贷款的概念

所谓质押贷款,是指贷款人按《中华人民共和国担保法》规定的质押方式以借款人或第三人的动产或权利为质押物发放的贷款。注册商标专用权质押贷款是指注册商标专用权人以合法拥有的注册商标专用权出质,从银行业金融机构获得授信支持和贷款的融资模式。以注册商标专用权出质的单位为借款人,借款人必须是出质注册商标的合法所有人。一件注册商标有两个以上共同所有人的,借款人为该注册商标的全体共有人。借款人应以其在同一种或者类似商品(或服务)上注册的相同或近似注册商标的专用权一并出质。

(二)注册商标专用权质押贷款的额度限制

注册商标专用权质押贷款的授信额度(即贷款额度)以出质注册商标评估价值为主要参考依据,由贷款人按注册商标评估价值的一定比例确定,原则上不超过注册商标评估价值的50%。

(三)注册商标专用权质押贷款的期限

以注册商标专用权出质的综合授信期限一般不超过三年,其间,贷款人可根据借款人生产经营状况的变化,适当调整综合授信额度,在授信额度内借款人可随借随还。

四、专利权质押贷款

(一)专利权质押贷款的概念

专利权质押贷款是指借款人以合法拥有的发明专利、实用新型专利权向贷款人出质,取得贷款人一定金额的人民币、外币贷款,并按期偿还贷款本息的一种贷款业务。

(二)专利权质押贷款的质押率与贷款期限

专利权质押贷款金额,一般不超过该专利权的市场公允价值或评估价值的50%。贷款期限一般不超过一年,特殊情况下不超过二年。超过一年期限的,贷款人可要求借款人对其出质的专利技术予以重新评估,或提供其他形式的补充担保。

(三)专利权质押贷款的申请

申请专利权质押贷款需向拟受理业务的金融机构提供如下材料:专利权质押贷款申请书;专利证书原件及复印件;工商营业执照、法定代表人身份证明、企业贷款卡及复印件;拟出质的专利权的评价报告。

贷款人可要求借款企业法定代表人及其他高级管理人员以其个人资产为该项贷款提供补充担保,或寻求专业担保机构提供补充担保支持。

五、贴现

(一)贴现的概念

贴现是指银行承兑汇票的持票人在汇票到期日前,为了取得资金,贴付一定利息将票据权利转让给银行的票据行为,是持票人向银行融通资金的一种方式。

(二)贴现的办理

1.申报材料

持票人办理汇票贴现业务时,需填写《商业汇票贴现申请书》,加盖公章和法定代表人章(或授权代理人章)后提交贴现行,并提供以下资料:①未到期且格式完整的商业汇票;②贴现申请人的企业法人营业执照或营业执照复印件;③贴现申请人与其直接前手之间根据税收制度有关规定开具的增值税发票或普通发票,以及交易合同原件;④贴现银行认为需要提供的其他资料。

2.办理程序

一是持票企业提供票据原件由银行代为查询,确定真实性;

二是持票企业填写贴现申请书、贴现凭证;

三是持票企业提供与交易相关的合同、交易发票;

四是商业汇票贴现前由贴现行对贴现企业进行授信审查;

五是银行审核票据及资料;

六是银行计收利息,发放贴现款[①]。

第三节 利率

一、利率概述

(一)利率的概念

利率是一定时期内利息额与本金的比率,通常分为年利率、月利率、日利

---

①中国银行业协会银行业专业人员职业资格考试办公室.个人贷款[M].北京:中国金融出版社,2018.

率,分别用百分比、千分比、万分比表示。

(二)利率的分类

利率可以分为固定利率和浮动利率两类。

固定利率指在借贷合同期限内利率不随利率政策及资金供求状况等外部因素变动而变动的利率。浮动利率指在借贷合同期限内,根据约定在规定的时间依据利率政策或某种市场利率进行调整的利率。

二、基准利率

(一)存贷款基准利率

存贷款基准利率是指中国人民银行公布的指导性利率,包括存款基准利率和贷款基准利率,在金融市场上具有普遍参照作用,金融机构的存贷款利率或其他金融资产价格均可根据这一基准利率水平来确定。

(二)其他基准利率

在金融市场发展过程中,通过实际交易或金融机构报价,也逐步形成了一系列市场化的基准利率,如上海银行间同业拆借利率、国债收益率曲线、贷款基础利率等,为货币市场交易、债券和贷款等利率定价提供了重要参考。

三、结息和计息方式

个人活期存款按季度结息,按结息日挂牌活期利率计息,每季度末月的20日为结息日。未到结息日清户的,按清户日挂牌公告的活期利率计息到清户前一日为止。单位活期存款按日计息,按季度结息,计算期间遇利率调整分段计息,每季度末月的20日为结息日。

人民币各项贷款的计息、结息方式由借贷双方协商确定。贷款利率可在合同期间内按月度、按季度、按年度调整,也可采用固定利率的确定方式[1]。

第四节 存款保险制度

一、存款保险制度的基本概念

存款保险,是指吸收存款的银行业金融机构(以下简称投保机构)交纳保

---

[1]李平.金融学[M].北京:北京理工大学出版社,2020.

费形成存款保险基金,当投保机构经营出现问题时,存款保险基金管理机构依照规定使用存款保险基金对存款人进行及时偿付,并采取必要措施维护存款以及存款保险基金安全的制度。存款保险制度是市场经济条件下保护存款人权益的重要措施,是金融安全网的重要组成部分。

二、存款保险制度的作用与意义

存款保险作为一项基础性金融制度,其建立有利于完善我国金融安全网,建立金融稳定的长效机制,维护金融市场和公众对我国银行体系的信心,有利于进一步理顺政府和市场的关系,深化金融改革,维护金融稳定,促进我国金融体系健康发展,对于更好地保护存款人利益,促进银行业健康发展,进一步提高我国银行业的发展水平和竞争力,提升银行业服务实体经济的水平,都具有十分重要的意义。

(一)有利于更好地保护存款人的权益

存款保险制度能够加强和完善对存款人的保护,维护金融市场和公众对我国银行体系的信心。一是通过制定和公布《存款保险条例》,以立法形式为社会公众的存款安全提供明确的制度保障;二是加强对金融机构的市场约束,促使金融机构审慎稳健经营,从而更好地保障存款人的存款安全。

(二)有利于提升我国金融体系稳健性

一般来说,完善的金融安全网由中央银行最后贷款人职能、审慎监管和存款保险制度三部分组成。建立存款保险制度是对现有金融安全网的完善和加强,通过加强存款保险与央行金融稳定、宏观审慎管理以及金融监管的协调配合,共同提高我国金融安全网整体效能。通过实行基于风险的差别费率,促使银行审慎稳健经营。即使个别银行经营出现问题,存款保险作为市场化的处置平台,也可以灵活运用收购、承接等市场化的方式,进行快速、高效的处置,在充分保护存款人、尽可能减少处置成本的同时,保持金融服务不中断,维护银行体系的稳健性。

(三)有利于中小银行的改革和发展

建立存款保险制度有利于强化市场纪律约束,为银行业尤其是中小银行健康发展提供坚实的制度保障,为加快发展民营银行和中小银行、加大对小微企业的金融支持保驾护航。

一是存款保险制度可以提升中小银行的信用和竞争力,为大、中、小银行创造一个公平竞争的环境,推动各类银行业金融机构同等竞争和均衡发展;二是存款保险制度通过加强对存款人的保护,稳定市场预期,可以为中小银行创造一个稳健经营的市场环境,使小银行具备与大银行平等竞争的制度基础;三是存款保险制度建立后,通过对不同经营质量的金融机构实行差别费率,并采取及时纠正措施,有利于进一步促进中小银行、民营银行审慎经营和健康发展,逐步形成更加合理的金融结构和布局,促进形成一个有效竞争、可持续发展的小金融机构体系,丰富基层金融服务和供给。

三、存款保险制度的核心要素

(一)实行强制保险

为保证存款保险制度的公平性和合理性,存款保险将覆盖我国境内依法设立的所有存款类金融机构。

《存款保险条例》规定的存款保险具有强制性。在我国境内设立的投保机构,包括商业银行(含外商独资银行和中外合资银行)、农村合作银行、农村信用合作社等,都应当参加存款保险。同时,参照国际惯例,规定外国银行在中国的不具有法人资格的分支机构,以及中资银行海外分支机构的存款原则上不纳入存款保险,但我国与其他国家或者地区之间对存款保险制度另有安排的除外。

存款保险覆盖存款类金融机构吸收的人民币和外币存款,包括个人储蓄存款和企业及其他单位存款的本金和利息,仅金融机构同业存款、金融机构高级管理人员在本机构的存款,以及其他经存款保险基金管理机构规定不予承保的存款除外。将少数特定存款排除在存款保险保护范围之外,有利于发挥市场约束机制作用,防范道德风险,促进银行业稳健发展。

(二)实行限额偿付

《存款保险条例》规定:存款保险实行限额偿付,最高偿付限额为人民币50万元。中国人民银行会同国务院有关部门可以根据经济发展、存款结构变化、金融风险状况等因素调整最高偿付限额,报国务院批准后公布执行。

实行限额偿付,并不是限额以上存款就没有安全保障。按照《存款保险条例》的规定,存款保险基金可以用于向存款人偿付被保险存款,也可以用于支持其他投保机构对有问题的投保机构进行收购或者风险处置。从已建立存款保险制度的国家和地区的经验看,多数情况下,是先使用存款保险基金,支持其他合格的投保机构对出现问题的投保机构进行"接盘",收购或者承接其业务、资产、负债,使存款人的存款转移到其他合格的投保机构,继续得到全面保障。确实无法由其他投保机构收购、承接的,才按照最高偿付限额直接偿付被保险存款。此外,超过最高偿付限额的存款,还可以依法从投保机构清算财产中受偿。

(三)基准费率和风险差别费率相结合

存款保险实行基准费率与风险差别费率相结合的制度,初期以基准费率起步,逐步会过渡到差别费率,以促进公平竞争,促使银行稳健经营。费率标准由存款保险基金管理机构根据经济金融发展状况、存款结构情况以及存款保险基金的累积水平等因素制定和调整,报国务院批准后执行。各投保机构的适用费率,则由存款保险基金管理机构根据投保机构的经营管理状况和风险状况等因素确定。

实行基准费率和风险差别费率相结合的费率制度,有利于促进公平竞争,形成正向激励,强化对投保机构的市场约束,促使其审慎经营,健康发展。综合考虑国际经验、金融机构承受能力和风险处置需要等因素,我国存款保险费率水平低于绝大多数国家存款保险制度起步时的水平以及现行水平。

(四)存款保险基金"取之于市场,用之于市场"

存款保险基金主要由存款类金融机构交纳的保费组成,存款人不需要交纳。存款保险基金的运用遵循安全、流动和保值增值的原则,限于存放中国人民银行,投资政府债券、中央银行票据、信用等级较高的金融债券及其他高等级债券,以及国务院批准的其他资金运用形式。

(五)充分发挥存款保险及时防范和化解金融风险的作用

为做到风险的早发现和少发生,借鉴国际上比较成功的做法,在不改变现行银行业监督管理体制的前提下,按照存款保险基金管理机构与银行业监督管理机构适当分工、各有侧重的原则,赋予存款保险信息收集和核查、早期纠正及风险处置等必要职责。主要包括:对于与保费计算有关的情况进行核查,对投保机构报送的信息、资料的真实性进行核查;参加金融监管协调机制,通过信息共享获取相关信息,不能满足控制存款保险基金风险、保证及时偿付、确定差别费率等需要的,可以要求投保机构及时报送其他相关信息;发现投保机构存在资本不足等影响存款安全以及存款保险基金安全的情形的,可以对其提出风险警示;在投保机构的资本充足率大幅度下降,严重危及存款安全以及存款保险基金安全时,可以采取必要的风险纠正措施。这意味着,《存款保险条例》规定的存款保险基金不是单纯的出纳或者"付款箱"。

　　此外,《存款保险条例》还规定,存款保险基金管理机构在处置问题投保机构时,既可以直接偿付,也可以灵活运用委托偿付、支持合格投保机构收购或者承担问题投保机构资产负债等方式,充分保护存款人利益,实现基金使用成本最小化,在快速、有效处置金融风险的同时,确保银行业正常经营和金融稳定①。

---

①王天宇.我国存款保险制度研究[M].北京:中国金融出版社,2016.

第三章 支付结算

第一节 账户的开立与使用

目前，我们在办理支付结算业务时最常用到的两类账户是银行账户和支付账户。银行账户由银行业金融机构（以下简称银行）为客户开立，支付账户由非银行支付机构（也称第三方支付机构，以下简称支付机构）为客户开立。

一、银行账户

（一）银行账户的概念和种类

按照功能不同，银行账户可分为银行结算账户和非银行结算账户。银行结算账户用来办理支付结算，账户状态比较活跃，有收有付，账户余额经常发生变动。非银行结算账户是存款人与银行之间的一种存款合约，账户余额一般只在存入、计息和支取时才发生变化，账户状态相对静止。

1.银行结算账户

银行结算账户是指银行为个人开立的办理资金收付结算的人民币活期存款账户，是个人办理存款、贷款和资金收付活动的基础。银行结算账户按使用主体不同，分为个人银行结算账户和单位银行结算账户。

2.非银行结算账户

非银行结算账户按其使用主体不同，也可分为单位存款账户和个人储蓄账户。其中，个人储蓄账户按照存款期限和支取的时间与方式，又可分为个人活期储蓄账户、个人定期储蓄账户和个人通知存款账户。

（二）个人银行结算账户的开立、变更和撤销

1.个人银行结算账户的开立

中国人民银行制度规定，自2016年12月1日起，银行为个人开立银行结算账户的，同一个人在同一家银行（以法人为单位）只能开立一个Ⅰ类银行账户，已开立Ⅰ类银行账户，再新开户的，应当开立Ⅱ类银行账户或Ⅲ类银行账户。个人可通过柜台、自助机具和电子渠道开立银行账户。有下列情况的，可以申请开立个人银行结算账户：使用支票、信用卡等信用支付工具的；办理汇兑、定期借记、定期贷记、借记卡等结算业务的。个人可根据需要申请开立个人银行结算账户，也可以在已开立的储蓄账户中选择并向开户银行申请确认为个人银行结算账户。

（1）柜台开户

个人可通过柜面开立Ⅰ类银行账户、Ⅱ类银行账户或Ⅲ类银行账户。开立以上三类银行账户时，存款人应提供有效身份证件，银行通过有效身份证件仍无法准确判断身份的，个人还应提供辅助身份证明材料。

（2）自助机具开户

通过远程视频柜员机或智能柜员机等自助机具开立银行账户时，银行工作人员当面核验开户申请人身份信息的，银行可为其开立Ⅰ类银行账户；银行工作人员未当面核验开户申请人身份信息的，银行可为其开立Ⅱ类银行账户或Ⅲ类银行账户。

（3）电子渠道开户

通过网上银行或手机银行等电子渠道开立银行账户的，银行可为个人开立Ⅱ类银行账户或Ⅲ类银行账户。

2.个人银行结算账户的变更和撤销

（1）银行可以通过柜面或者电子渠道为个人办理Ⅱ类银行账户、Ⅲ类银行账户变更业务。

银行通过电子渠道非面对面为个人办理Ⅱ类银行账户、Ⅲ类银行账户的姓名、居民身份证号码、手机号码、绑定账户变更业务时，应当按照新开户要求重新验证信息，并采取措施核实个人变更信息的真实意愿。

银行通过电子渠道非面对面为个人办理Ⅱ类银行账户、Ⅲ类银行账户姓名、居民身份证号码变更，且绑定账户为他行账户的，应当要求个人先将Ⅱ类银行账户所有投资理财等金融产品赎回、提前支取定期存款，将Ⅱ类银行账户、Ⅲ类银行账户资金全部转回绑定账户后再予以变更。

（2）银行可以通过柜面或者电子渠道为个人办理Ⅱ类银行账户、Ⅲ类银行账户销户业务。

银行通过电子渠道非面对面为个人办理Ⅱ类银行账户、Ⅲ类银行账户销户时，绑定账户已销户的，个人可按照银行新开户要求重新验证个人身份信息后绑定新的账户，将Ⅱ类银行账户、Ⅲ类银行账户资金转回新绑定账户后再办理销户。

(三)银行结算账户的使用和风险防范

1.个人银行结算账户的用途

个人银行结算账户用于办理个人转账收付和现金存取。下列款项可以转入个人银行结算账户:工资、奖金收入;稿费、演出费等劳务收入;债券、期货、信托等投资的本金和收益;个人债权或产权转让收益;个人贷款转存;证券交易结算资金和期货交易保证金;继承、赠予款项;保险理赔、保费退还等款项;纳税退还;农、副、矿产品销售收入;其他合法款项。

2.风险防范常识

一是个人不要出租、出借、出售银行结算账户,避免被不法分子利用从事违法犯罪活动。同时,为提升不法分子和相关单位、个人的违规成本,人民银行制度规定,自2017年1月1日起,经设区的市级及以上公安机关认定的出租、出借、出售、购买银行账户(含银行卡)或支付账户的单位和个人,组织购买、出租、出借、出售银行账户或支付账户的单位和个人,假冒他人身份或者虚构代理关系开立银行账户或支付账户的单位和个人,5年内停止其银行账户非柜面业务、支付账户所有业务,3年内不得为其新开立账户。同时,人民银行还将上述单位和个人信息移送金融信用信息基础数据库并向社会公布。

二是对长期不使用的银行结算账户及时清理,确认今后不再使用的银行账户请及时到银行作销户处理,避免产生年费和账户管理费,造成资金损失;社会公众可以根据需要,主动管理自己的账户,把资金量较大的账户设定为Ⅰ类银行账户,把经常用于网络支付、移动支付的账户降级,或者新增开设Ⅱ类银行账户、Ⅲ类银行账户用于这些支付,这样既能有效保障账户资金安全,又能体验各种便捷、创新的支付方式,达到支付安全性和便捷性的统一。

三是妥善保管个人身份证件、企业营业执照或单位证明文件,防止个人身份信息泄露从而被不法分子利用。个人身份证、户口簿、银行账户等个人身份信息是金融消费者的重要资料,一旦被不法分子非法利用,将对个人资产、信用造成风险。金融消费者个人身份信息资料一定要妥善保管,不要轻易交给他人。在使用过程中,在身份证件复印件上应注明使用用途,防止被不法分子利用。

二、支付账户

(一)支付账户的概念和种类

支付账户是支付机构在为客户办理网络支付业务时,为了记录预付交易资金余额、方便客户发起支付指令、反映客户交易明细信息而开立的电子账户。支付账户是随着电子商务的发展而产生的,最初主要功能是"担保支付",也就是在消费者购买商品或服务后、实际收到商品或服务前暂时将资金冻结,以便增加网上消费过程中买卖双方之间的信任度。只有依法获得互联网支付业务许可的支付机构,才能够为客户开立支付账户。根据客户类型的不同,支付账户分为个人支付账户和单位支付账户。

(二)个人支付账户的开立和变更

不同于银行机构目前普遍采用面对面审核客户身份的方式确保银行账户属于客户本人,支付机构从支付账户诞生起便一直采用非面对面的方式远程为客户开立支付账户,这使支付账户面临的被冒用、盗用风险相对较高。因此,为了兼顾支付的便捷性和客户资金的安全性,适应不同客户群体的差异化支付需求,个人支付账户中的Ⅰ类支付账户、Ⅱ类支付账户和Ⅲ类支付账户的客户身份核实方式有所不同。

1.个人支付账户的开立

开立Ⅰ类支付账户时,支付机构只需要通过一个外部渠道验证客户身份,例如,联网核查客户的居民身份证信息,开立过程十分简便、快速。Ⅰ类支付账户主要用于满足客户的临时、小额支付需求,因此交易限额相对较低。

开立Ⅱ类支付账户、Ⅲ类支付账户时,支付机构既可以面对面审核客户身份,也可以采用非面对面方式核实客户身份。如果采用非面对面方式核实客户身份,Ⅱ类支付账户需要通过三个外部渠道验证客户身份,Ⅲ类支付账户需要通过五个外部渠道验证客户身份。支付机构可以运用的外部渠道很多,如公安、社保、民政、住建、交通、工商、教育、财税等管理部门,以及商业银行、保险公司、证券公司、征信机构、移动运营商、铁路公司、航空公司、电力公司、自来水公司、燃气公司等单位所运营的客户信息数据库。客户一般只需要按照支付机构的要求在网上填写个人信息即可,由支付机构负责与外部数据库进行连接并验证信息的真实性,客户的操作流程可以做到快捷、流畅。由于运用多种渠道交叉验证了客户身份,支付账户被冒用、盗用的风险被降低,客户资金的安全性更高。

除此之外,被评为A类且支付账户实名制落实较好的支付机构,还可以运用各种安全、合法的技术手段,制定其他更加灵活、快捷、有效的客户身份核实方法,经过评估认可后便可以采用。

需要特别注意的是,每个个人客户在同一家支付机构最多可以拥有一个

Ⅲ类支付账户,以便进一步降低资金盗用风险、保障客户资金安全。

2.个人支付账户的变更

支付机构为个人客户开立Ⅰ类支付账户后,可以根据客户支付需求对客户身份进一步核验,并将Ⅰ类支付账户升级为Ⅱ类支付账户或Ⅲ类支付账户;支付机构为个人客户开立Ⅱ类支付账户后,可以对客户身份进一步核验,并将Ⅱ类支付账户升级为Ⅲ类支付账户。个人支付账户种类发生变更的同时,余额付款功能可以相应扩充,余额付款限额可以相应提高。

当客户要求变更姓名、身份证件种类、身份证件号码等个人身份信息时,支付机构应当对客户身份进行重新审核并为客户办理变更,自变更生效之日起至少五年内真实、完整保存相关记录。

(三)支付账户的使用和风险防范

1.正确认识支付账户余额的本质和风险

支付账户余额与银行存款有本质区别。支付账户所反映的余额本质上是预付价值,类似于预付费卡中的余额。该余额所对应的资金虽然所有权归属于客户,却不以客户本人名义存放在银行,而是支付机构以其自身名义存放在银行,并实际由支付机构支配与控制。同时,该余额仅代表支付机构的企业信用,法律保障机制上远低于《中华人民共和国中国人民银行法》、《中华人民共和国商业银行法》及《存款保险条例》保障下的央行货币与商业银行货币。一旦支付机构出现经营风险或信用风险,将可能导致支付账户余额无法使用,不能回提为银行存款,使客户遭受财产损失。客户应该充分认识支付账户余额的本质和相关风险,在此前提下自愿开立和使用支付账户。

2.正确认识支付账户的定位

支付账户的定位是主要服务电子商务发展和为社会提供小额、快捷、便民小微支付服务,因此支付账户不具有证券、保险、信贷、融资、货币兑换、现金存取等业务功能,并且应在满足客户日常支付需求的前提下设置交易限额。支付机构近年来的实际交易数据表明,Ⅱ类支付账户、Ⅲ类支付账户每年累计10万元、20万元的限额可以满足绝大部分个人客户的日常支付需求和电子商务、互联网金融的发展需要。10万元、20万元的限额仅针对个人支付账户余额付款方式,个人客户如果出现更大金额的支付需求,还可以使用银行账户进行付款,如银行网关支付、银行卡快捷支付等,可以不受上述限额的约束。

3.采用安全的交易验证方式

使用支付账户余额进行付款时,客户可以组合选用三类要素进行交易验证：一是仅客户本人知悉的要素，如静态密码；二是仅客户本人持有并特有的，不可复制或者不可重复利用的要素，如经过安全认证的数字证书、电子签名，以及通过安全渠道生成和传输的一次性密码；三是客户本人生理特征要素，如指纹。也就是说，客户可以采用"静态密码+数字证书"、"一次性密码+指纹"、"静态密码+指纹"等多种验证要素组合方式，对支付账户余额付款交易进行验证。

为保证交易验证方式的安全性，加强个人客户资金安全保护，对于安全级别较高、风险较低的支付账户余额付款交易，支付机构与个人客户可以自主约定单日限额；但对于安全级别不足、风险较高的支付账户余额付款交易，支付机构将设置单日限额，每天最高不超过5000元。支付机构如果被评为A类并且支付账户实名制落实较好，可以将限额提高到每天最高不超过1万元；如果被评为B类并且支付账户实名制落实较好，可以将限额提高到每天最高不超过7500元。上述限额都仅针对个人支付账户余额付款交易，个人客户使用银行账户进行付款时，如银行网关支付、银行卡快捷支付等，不受上述限额的约束。

4.风险防范常识

（1）审慎选择支付机构

支付机构有义务增加信息透明度，接受客户和社会舆论的监督，每年都公开披露客户投诉数量和类型、处理完毕的投诉占比、投诉处理速度，以及风险事件、客户风险损失发生和赔付等情况。客户应该适当关注支付机构披露的信息，选择服务机制完善、业务风险较低的支付机构办理业务。

（2）控制支付账户的使用权限

客户不要随意出借支付账户，更不要出租、出售支付账户，以免自己的支付账户被不法分子利用从事欺诈、洗钱等违法犯罪活动。

（3）妥善保管本人或本单位信息

客户在开立支付账户、办理支付业务过程中要妥善保管个人或单位信息以及相关证件，按照"最小化"原则向支付机构提交必要的信息和证件，并留意支付机构对收集目的和用途的说明，避免信息泄露。

（4）准确辨识服务渠道的真实性

"钓鱼"是不法分子盗取客户信息和资金的主要手段之一，客户应该留意支付机构网站地址、客服电话等服务渠道，准确辨识服务渠道的真实性，避免支付账户名称和密码、手机动态验证码等敏感信息被不法分子通过"钓鱼"手段窃取。

（5）积极维护自身权益

客户使用支付账户办理支付业务过程中一旦发生风险损失，如果支付机构不能有效证明风险损失是因客户原因导致的，那么支付机构需要对客户的损失及时先行全额赔付。

第二节 非现金支付工具

非现金支付工具是传达收、付款人支付指令，实现债权债务清偿和货币资金转移的载体。随着非现金支付工具的大力推广应用，我国已逐步形成了以银行卡和票据为主体、以电子支付为发展方向的多元化非现金支付体系，为社会提供了高效、便捷、安全、灵活的支付结算服务。

一、银行卡

（一）银行卡种类

银行卡是由商业银行（或发卡机构）发行的具有转账收付、存取现金、支付商品或服务价款和循环信贷等全部或部分功能的电子支付工具（见表3-1）。

表3-1 银行卡的种类

分类标准	银行卡种类
清偿方式	信用卡、借记卡
结算币种	人民币卡、外币卡（境内外币卡、境外银行卡）
发行对象	公务卡、个人卡、单位卡
信息载体	磁条卡、IC卡
信誉等级	白金卡、金卡、普通卡等不同等级
流通范围	国际卡、地区卡
持卡人责任	主卡、附属卡

1.信用卡

（1）什么是信用卡

信用卡是指由发卡机构向其客户提供的具有消费信用、转账结算、存取现金等功能的信用支付工具。持卡人可依据发卡机构给予的授信额度，凭卡在特约商户直接消费或在其指定的机构、地点存取款及转账，在规定的时间内向发卡机构偿还透支款项本息。

（2）信用卡分类

信用卡分为贷记卡和准贷记卡两类，贷记卡是指发卡机构给予持卡人一定的信用额度，持卡人可在信用额度内先消费、后还款的信用卡。准贷记卡是指持卡人须先按发卡机构的要求交存一定金额的备用金，当备用金账户余额不足支付时，可在发卡银行规定的信用额度内透支的信用卡。

（3）信用卡消费信贷的特点

一是循环信用额度。我国发卡银行一般给予持卡人最长60天左右的免息期，持卡人的信用额度根据信用状况核定。

二是一般无抵押无担保。

三是一般有最低还款额要求。我国发卡银行规定的最低还款额一般是应还金额的10%。

四是通常是短期、小额、无指定用途的信用。

五是信用卡除具有循环信贷功能外，还有存取现金、转账结算功能，而且持卡人可以办理代收代付、网络支付等功能。

2. 借记卡

（1）什么是借记卡

借记卡是指银行发行的记录持卡人账户信息，具有现金存取、转账收付和支付商品或服务价款等全部或部分功能的电子支付工具。借记卡没有透支功能。持卡人可凭借记卡办理理财、外汇买卖、缴费等大量增值服务。

（2）借记卡分类

借记卡按功能的不同分为转账卡（含储蓄卡）、专用卡、储值卡。转账卡是实时扣账的借记卡，具有转账结算、存取现金和消费功能。专用卡是具有专门用途、在特定区域使用的借记卡，具有转账结算、存取现金功能。储值卡是发卡银行根据持卡人的要求将其资金转至卡内存储，交易时直接从卡内扣款的预付钱包式借记卡。

3. 金融IC卡

（1）什么是金融IC卡

金融IC卡是由银行业金融机构发行的，采用集成电路技术，遵循国家金融行业标准，具有消费信用、转账结算、现金存取等全部金融功能，并具有承载其他商业服务和社会管理功能的金融工具。

金融IC卡又称为芯片银行卡，是以芯片作为介质的银行卡。芯片卡容量大，可以存储密钥、数字证书信息，其工作原理类似微型计算机，能够处理多种功能,为持卡人提供一卡多用的便利。

（2）金融IC卡与传统磁条卡相比较的优势

一是安全性更高。金融IC卡具备的高安全性极大地降低了伪卡的风险,不仅提升了联机交易的安全性,也使卡片可以实现安全的脱机交易,有效地保障了银行和持卡人资金的安全。二是支付更快捷。金融IC卡能够提供脱机交易、非接触式交易,支付效率大大提高。三是应用范围广。金融IC卡拓展了银行卡的支付领域,使银行卡能满足公用事业、交通等众多行业的支付和服务需要,实现"一卡多用"。我国金融IC卡推广规划中明确,自2015年1月1日起,所有新发行的银行卡应为金融IC卡。

（二）银行卡受理市场

银行卡受理市场是指银行卡清算机构、收单机构、商户收单业务第三方服务商等参与主体提供的所有银行卡机具、服务的统称。下面,主要介绍两种常用的银行卡自助设备。

1.自助存取款机

银行自助存取款机包括取款机（ATM）和存取款一体机（CRS）,可以提供24小时便捷的存取款、转账、查询、更改密码等服务。ATM又称自动柜员机,持卡人自助操作办理取款、账户余额查询、转账等业务。CRS又称自助存取款一体机,持卡人自助操作办理存款、取款、账户余额查询、转账等业务。

（1）自助存取款机使用方法

大部分银行自助存取款机的使用方法大致相同。客户可持卡到自动存取款机上,按机器界面提示进行相关业务操作:插卡→风险提示→输入银行卡密码→点击确认→在屏幕上点击金融交易选项→输入取款金额（存款时直接将现金放入现金卡槽）→确认→使用完后点击退出（如果需要继续,返回交易选项）。

（2）自动存取款机的非接触式受理方式

在已完成非接触式受理改造的自动存取款机上可以通过非接触式完成自助业务办理,操作时可按ATM屏幕显示的提示进入"非接交易"界面,将卡片放置在机具标识的非接感应区进行相关业务操作,操作完成后取走卡片即可。

2.POS机

（1）什么是POS机

POS机俗称"刷卡机"。银行与签约商户合作,使消费者能在安装有POS

机的商家直接刷卡消费,而无须到银行取款后再携带现金去商家消费。

(2)在POS机上使用银行卡的方法

持卡人在进行购物等消费时,由收银员在POS机上刷卡并输入交易金额,持卡人通过密码键盘确认消费金额后,输入个人密码并按确认键。POS机成功打印出POS签购单后,持卡人应注意核对POS签购单上的交易金额等要素并签名确认,收回银行卡及POS签购单持卡人存根联妥善保管。

(3)POS机上的非接触式受理方式

在完成非接触式受理改造的POS机上,也可以通过"非接触式"完成交易消费。持卡人进行消费时,销售人员输入消费金额,消费者确认金额后,手持金融IC卡(或移动支付设备)靠近POS机上的非接标识处,之后输入密码、签字确认即可。在搭载了银行卡的移动支付方式中也可以使用此方式在POS机上完成消费。

(三)银行卡使用小常识

1.如何使用银行卡

挑选银行卡前,应当先了解银行卡的种类,各类银行卡具有哪些功能,自己的需求是什么,综合考虑这些因素后再作挑选。如果是信用卡,还需要考虑相应的利率、年费、延期付款等一些细节。要特别注意仔细阅读发卡机构的信用卡领用合约。

2.怎样计算利息

银行卡(贷记卡除外)内存款的利息按活期利率支付,计算方法与活期储蓄存款类似,一般使用日利率;计算存款期限时,从存入日起算到支取的前一天为止,算头不算尾。信用卡如果有透支,一定要记着及时还款,否则会多付利息,并影响信用记录。

3.银行卡如何收费

信用卡如未开卡消费,则不收年费。使用信用卡后,银行根据申请的信用卡种类的不同进行收费,一般的信用卡则规定刷卡几次免年费。借记卡一般要收取年费和账户管理费,但代发工资账户、退休金账户、低保账户、医保账户、失业保险金账户、住房公积金账户的年费和账户管理费(含小额账户管理费)是免收的。

4.银行卡丢了怎么办

银行卡丢失后,应迅速通过电话拨打银行服务电话,进行口头挂失,实现该账户的立即停止支付。但口头挂失只是临时挂失,有一定的有效期,各银行的口头挂失有效期各异。口头挂失后,应尽快持本人的有效身份证件到发卡银行的营业网点办理挂失手续,一段时间后就能获得一张新卡。办完新卡后,旧卡将被自动注销。为了安全起见,还是应要谨慎保管好自己的银行卡。不记名式的存单、储值卡和IC卡内的电子钱包是不能挂失的。

5.密码忘了怎么办

在申请银行卡时,银行首先"分配"了一个密码,办卡人可以将它改成自已熟悉的密码。如果哪一天想不起密码来,可以凭自己的有效身份证件和银行卡,向发卡银行书面申请密码挂失,一般7天后就可以办理重置密码了。

6.避免信用卡恶意透支

对于信用卡,银行允许善意透支,不过有额度和时间上的限制。如果超出限制,银行就可能认为持卡人在恶意透支,轻则罚款,重则需要收到法律惩罚,个人信用记录也会增添一个污点,下一次要取得银行信任就不那么容易了。所以,使用信用卡时,需要养成按时还款的习惯,避免恶意透支。

7.信用卡还款方式

信用卡的还款方式主要有发卡银行柜台、ATM、网上银行、自动转账、电话银行等,从银行记账日起至到期还款日之间的日期为免息还款期。在此期间,只要全额还清当期对账单上的本期应还金额,便不用支付任何利息。

8.如何用信用卡分期付款

目前,信用卡分期方式主要有商场分期、邮购分期和账单分期。商场分期的,部分需要通过查看身份证进行持卡人身份验证,并会收取分期手续费。邮购分期即通过发卡银行寄送的分期邮购目录手册,或银行的网上商城从限定的商品中进行选择,一般无论期数多少均不收手续费。账单分期的,用户只要在刷卡消费之后且每月账单派出之前,通过电话等方式向发卡银行提出分期申请即可。

(四)权利义务与风险防范

1.发卡银行和持卡人的权利和义务

(1)发卡银行的权利

发卡银行有权审查申请人的资信状况、索取申请人的个人资料,并有权决定是否向申请人发卡及确定信用卡持卡人的透支额度。

发卡银行对持卡人透支有追偿权。对持卡人不在规定期限内归还透支款项的,发卡银行有权申请法律保护并依法追究持卡人或有关当事人的法律责任。

发卡银行对不遵守其章程规定的持卡人,有权取消其持卡人资格,并可授权有关单位收回其银行卡。

发卡银行对储值卡和IC卡内的电子钱包可不予挂失。

(2)发卡银行的义务

发卡银行应当向银行卡申请人提供有关银行卡的使用说明资料,包括章程、使用说明及收费标准。持卡人也可索取上述资料。

发卡银行应当设立针对银行卡服务的公平、有效的投诉制度,并公开投诉程序和投诉电话。

发卡银行应当向持卡人提供对账服务。按月向持卡人提供账户结单,在下列情况下发卡银行可不向持卡人提供账户结单:已向持卡人提供存折或其他交易记录;自上一份月结单后,没有进行任何交易,账户没有任何未偿还余额;已与持卡人另行商定。

发卡银行向持卡人提供的银行卡对账单应当列出以下内容:交易金额、账户余额(贷记卡还应列出到期还款日、最低还款额、可用信用额度);交易金额计入有关账户或自有关账户扣除的日期;交易日期与类别;交易记录号码;作为支付对象的商户名称或代号(异地交易除外);查询或报告不符账务的地址或电话号码。

发卡银行应当向持卡人提供银行卡挂失服务,应当设立24小时挂失服务电话,提供电话和书面两种挂失方式,书面挂失为正式挂失方式。并在章程或有关协议中明确发卡银行与持卡人之间的挂失责任。

发卡银行应当在有关卡的章程或使用说明中向持卡人说明密码的重要性及丢失的责任。

发卡银行对持卡人的资信资料负有保密的责任。

(3)持卡人的权利

持卡人享有发卡银行对其银行卡所承诺的各项服务的权利,有权监督服务质量并进行投诉。

申请人、持卡人有权知悉其选用的银行卡的功能、使用方法、收费项目、收费标准、适用利率及有关的计算公式。

持卡人有权在规定时间内向发卡银行索取对账单,并有权要求对不符账务内容进行查询或改正。

借记卡的挂失手续办妥后,持卡人不再承担相应卡账户资金变动的责任,司法机关、仲裁机关另有裁决的除外。

持卡人有权索取信用卡领用合约,并应妥善保管。

(4)持卡人的义务

申请人应当向发卡银行提供真实的申请资料并按照发卡银行的规定向其提供符合条件的担保。

持卡人应当遵守发卡银行的章程及领用合约的有关条款。

持卡人或保证人通信地址、职业等发生变化时,应当及时书面通知发卡银行。

持卡人不得以和商户发生纠纷为由拒绝支付所欠银行款项。

2.防范银行卡使用风险注意事项

办理银行卡时,应详细阅读申请书上载明的卡片性质、服务内容及相关权利义务。拿到银行卡时,应依据金融机构的说明,尽快更换初始密码,密码设定应避免使用生日、身份证号码等简单数字,卡片应妥善保管且不可与密码、身份证件一起存放,以免卡片失窃后,遭人盗刷。

在银行自助设备上输入密码时注意用手遮挡,如果发现设备的密码防护罩和卡槽有异常情况,为了安全起见,不要使用,同时立即告知银行。与银行联系时请拨打银行客服专线,请勿随意拨打自助设备上粘贴的来路不明的电话号码。

在银行自助设备上办理业务时,当发生吞卡、吞币或存取款不成功时不要慌张,应及时拨打银行客户电话,等待工作人员处理。特别是在自助设备上存款,要保证票面的整洁、完整,不得存入缺角、折角、破损、污点的钞票,防止交易不成功。

开通手机短信服务,随时掌握账户变动情况,一旦发现异常交易,马上致电银行进行挂失。银行卡不慎遗失时,立即向银行挂失。挂失前产生的风险由持卡人自行承担,持卡人完成挂失止付手续后,风险由金融机构承担。

信用卡使用虽非常方便,但可能产生年费、手续费、透支逾期产生的利息等费用,消费者应认真阅读信用卡条款,充分了解与发卡银行间的权利义务关系,了解在何种情形下银行将收取哪些费用。应经常注意信用卡及关联还款账户余额,以免在不注意的情况下需支付高额利息及手续费,同时注意避免因逾期还款等行为产生不良信用记录。

提供个人资料及身份证复印件办理信用卡时,要确认对方是否为银行职员,且身份证复印件上要注明使用用途,以防被挪用或转售给其他单位。

在商户POS机刷卡消费时,不要让卡片离开自己的视线范围,留意收银员的刷卡次数,拿到签购单及卡片时,核对签购单上的金额是否正确,是否为本人的卡片。

妥善保管银行卡签购单、对账单等单据,切勿随意丢弃。不要将卡号告知他人或回复要求提供卡号的可疑邮件或短信,也不要在公共场所使用的电脑里留下卡号信息。在任何情况下,银行都不会发送索取卡片密码的邮件或短信。

通过网上银行、手机银行办理相关业务时,要登录正确的银行网站,下载银行官网提供的手机客户端。网银交易前查看安全锁,配备银行U盾、Ukey等网络安全设备。设置复杂的密码作为网上银行密码,避免在网吧、公共场所登录网银。

3.如何防范银行卡犯罪

随着银行卡的广泛使用,银行卡犯罪的案件也逐渐多了起来,因此,我们在使用银行卡的过程中必须提高警惕。

(1)常见的银行卡欺诈手法

一是盗取、抢劫他人银行卡,然后假冒持卡人进行消费或与特约商户的工作人员相互勾结,欺诈套现。

二是利用偷窥、骗取或在网上运行密码盗取软件等手段,窃取持卡人的卡片信息及密码,然后制作伪卡,并利用复制的银行卡进行消费或提现。

三是在自助设备上粘贴虚假的升级公告或紧急通知,诱骗持卡人按照虚假公告上的内容操作,将资金划转到不法分子的账户中。

四是通过手机或电子邮件等方式向持卡人发送虚假信息,诱骗持卡人将资金划转到不法分子的账户中。

五是伪装或盗用他人的身份证件,使用虚假的申请资料申领信用卡后进行恶意透支。

(2)银行卡诈骗风险提示

一是收到可疑信函、电话、手机短信时,一定要提高警惕,对一些貌似合理的汇款事由,要谨慎确认,关键一点是不要向自己不知道的账号汇款,防止上当受骗。

二是网络交易时切记:①登录正确的银行网站;②交易前查看安全锁;③设置复杂的密码作为网上银行密码;④避免在网吧、公共场所登录网银。

三是使用自助银行服务终端(ATM或CRS)时要小心,留意周围是否有可疑的人,操作时应避免他人干扰,防止他人偷窥密码。遭遇吞卡、未吐钞等情况,应拨打发卡银行的全国统一客服热线电话,及时与发卡银行取得联系。尤其注意:不要拨打机具旁临时粘贴的不熟悉的电话号码,不要随意丢弃打印单据。

二、票据

广义的票据是指各种有价证券和凭证,如债券、股票、提单、国库券、发票等。狭义的票据仅指以支付金钱为目的的有价证券,即出票人根据票据法签发的,由自己无条件支付确定金额,或者委托他人无条件支付确定金额,给收款人或持票人的有价证券。在我国,票据即汇票(银行汇票和商业汇票)、支票及银行本票的统称,是我国企事业单位使用最广泛的非现金支付结算工具。对于个人消费者而言,最经常使用的票据是银行本票和支票,以下是这两种票据的使用方法。

1.如何使用银行本票

银行本票是出票人签发的,承诺自己在见票时无条件支付确定金额给收款人或者持票人的票据。本票的出票人必须具有支付本票金额的可靠资金来源,并保证支付。本票的出票人在持票人提示见票时,必须承担付款的责任。

2.如何使用支票

支票是出票人签发的,委托办理支票存款业务的银行,或者其他金融机构在见票时,无条件支付确定金额给收款人或者持票人的票据。开立支票存款账户,申请人必须使用其本名,提交证明其身份的合法证件,并预留其本名的签名式样和印鉴。开立支票存款账户和领用支票,应当有可靠的资信,并存入一定的资金。

三、电子支付

(一)常用电子支付工具

1.个人网上银行

个人网上银行业务是指银行利用互联网技术,为客户提供账户查询、转账汇款、投资理财、在线支付、缴费等金融服务的网上银行服务。客户可以足不出户就能够安全便捷地管理活期和定期存款、信用卡及个人投资等金融业务。

若想办理网上银行业务,只需到柜台办理签约手续或者直接登录银行官网网页点击申请,即可成为网上银行客户。

2.手机银行

手机银行业务是指利用移动电话技术为客户提供的金融服务。手机银行是网上银行的延伸,也是继网上银行、电话银行之后又一种方便银行用户的金融业务服务方式,有贴身"电子钱包"之称。

手机银行提供的服务包括:账户查询、转账、缴费、外汇买卖等。

3.电话银行

电话银行业务是指银行通过电话自助语音,及人工服务应答(客户服务中心)方式为客户提供的银行服务。银行客户除了拨打固定电话之外,也可通过手机接入银行语音服务系统,使用电话银行服务。

电话银行的服务功能包括:各类账户之间的转账、代收代付、各类个人账户资料的查询、个人实盘外汇买卖等银行服务。

部分电话银行功能需要在银行柜台办理签约手续后才能开通。

4.支付机构提供的互联网支付服务

支付机构是指取得中国人民银行颁发的支付业务许可证,为收付款人提供互联网支付等资金转移服务的机构。

按照支付机构提供的支付服务方式不同,互联网支付分为银行账户模式和支付账户模式。银行账户模式是指支付机构将自身系统与银行支付网关相连,付款人通过支付机构向其开户银行提交支付指令,直接将银行账户内的货币资金转入收款人指定账户的支付方式,我们常用的快捷支付属于银行账户模式。支付账户模式是指付款人先把资金充值到支付机构提供的账户,在需实际支付时,付款人直接向支付机构提交支付指令,将支付账户内的余额资金转入收款人指定账户的支付方式。

(二)创新的移动支付方式

近年来,随着智能手机和电信网络快速发展,人们更加习惯通过手机等移动终端设备来完成日常的消费支付需求。在此背景下,以商业银行和支付机构为代表的市场主体不断创新,推出了多种便捷、快速、安全的移动支付工具,在满足消费者移动支付需求的基础上,极大地激发了移动支付市场的活力,促进了我国电子支付产业的快速发展。下面介绍两种具有代表性的移动支付方式。

1.中国银联"云闪付"

云闪付是中国银联股份有限公司(以下简称中国银联)联合国内外众多手机厂商和商业银行推出的移动支付产品,通过将实体银行卡映射到手机中,利用近场通信技术(NFC等),实现"刷手机"支付的新体验。我们常见的苹果支付、华为Pay、三星智付等均属于该业务范畴。

消费者通过一部具有NFC功能的iOS系统或安卓系统的手机和银行卡,即可开通云闪付业务。在线下消费时,通过将手机靠近支持闪付的受理终端,不需要点亮手机屏幕,不需要打开支付软件,即可快速支付。云闪付业务采用动态密钥和令牌技术,能够有效保护用户银行卡信息和交易安全,具有安全性高、支付体验优的特点。

2.条码支付

条码支付是以条码为信息载体,通过移动终端或商户受理终端直接或间接获取支付要素以完成交易的支付方式。常见的条码包括二维码、条形码等类型。以常见的二维码为例,消费者可通过移动设备生成个人二维码供别人扫描,或扫描商户的二维码,完成支付过程。二维码支付准入门槛低,使用便捷,一经推出便受到了消费者和小微商户的欢迎,但由于二维码加密及传输的技术特点,客观上仍存在较大安全风险,应将其定位于小额支付,在使用过程中要做到不扫描来源不明的二维码,不轻易将个人二维码信息泄露给他人,不通过二维码支付进行大额交易,从而保护个人信息和资金的安全[①]。

第三节 支付系统

一、我国现代化支付系统简介

支付系统是经济金融体系的重要基础设施。目前,我国已建成以中国人民银行现代化支付系统为核心,银行机构行内支付系统为基础,特许机构清算系统和支付机构业务系统等为补充的支付、清算服务网络,对加快社会资金周转,提高支付清算效率,促进国民经济健康平稳的发展发挥着越来越重要的作用。

中国现代化支付系统由中国人民银行开发建设,是人民银行发挥其金融服务职能的核心支持系统,也是金融市场最重要的基础设施之一。现代化支付系统主要包括大额支付系统、小额支付系统和网上支付跨行清算系统。

二、大额支付系统

大额支付系统主要处理金额在规定起点以上的大额贷记支付业务和紧急

---

①陈勇.支付方式与支付技术 从实物货币到比特币[M].长沙:湖南大学出版社,2018.

的小额贷记支付业务。大额支付指令逐笔实时发送,全额清算资金,主要为各银行机构和广大企事业单位以及金融市场提供快速、高效、安全、可靠的支付清算服务,是支持货币政策实施和维护金融稳定的重要金融基础设施。大额支付系统具有高效的支付清算服务功能、灵活的风险管理功能和高效的货币政策传导与金融市场资金清算功能。

三、小额支付系统

小额支付系统主要处理借记支付业务以及每笔金额在规定起点以下的小额贷记支付业务。支付指令批量发送,轧差净额清算资金,主要为社会提供低成本、大业务量的支付清算服务。小额支付系统支持各种支付方式的处理,实行7×24小时连续运行,且具有完备的风险防范措施。

四、网上支付跨行清算系统

网上支付跨行清算系统主要处理客户通过在线方式办理的金额在5万元以下的跨行支付业务,实行7×24小时连续运行。以该系统为依托,客户通过商业银行的网上银行可以足不出户地办理多项跨行业务,并可及时了解业务的最终处理结果。网上支付跨行清算系统提高了跨行支付效率,便利客户的财富管理,拓展了电子商务的业务范围,对支持并促进我国电子商务的快速发展也发挥了重要的基础作用。

五、人民币跨境支付系统

人民币跨境支付系统(CIPS)是为其参与者的跨境人民币支付业务等提供资金清算结算服务的系统。CIPS分两期建设,CIPS(一期)已于2015年10月8日上线运行,具有以下主要特点:一是采用实时全额结算方式处理客户汇款和金融机构汇款两类业务,支持跨境货物贸易和服务贸易结算、跨境直接投资、跨境融资和跨境个人汇款等业务。二是各直接参与者一点接入,集中清算业务,缩短清算路径,提高清算效率。三是采用国际通用ISO20022报文标准,采纳统一规范的中文四角码,支持中英文传输,在名称、地址、收费等栏位设置上更有利于人民币业务的自动处理。四是运行时间覆盖欧洲、亚洲、非洲、大洋洲等人民币业务主要时区。五是为境内直接参与者提供专线接入方式。CIPS(二期)将采用更为节约流动性的混合结算方式,提高人民币跨境和离岸资金的清算、结算效率。

六、城商行支付清算系统

城商行支付清算系统是一个以城市商业银行资金清算中心（以下简称清算中心）为核心，清算中心和各城市商业银行（以下简称城商行）之间的专用网络为基础，连接各城商行的行内系统，以电子支付清算业务为重点，城商行行内柜面系统、支付机构等各种交易渠道为手段，在城商行与城商行、城商行与其他金融机构、城商行与支付机构之间，实现7×24小时服务、实时支付指令传送和资金清算的综合性电子支付平台，是城商行之间、城商行与其他金融机构之间加强合作的重要基础设施。城商行支付清算系统于2010年1月18日上线运行，具有以下主要特点：一是银行间通存通兑业务、网络支付（电子汇兑、密码汇款）业务的资金清算。二是各类渠道的接入及信息转发。三是部署一套前置系统可以完成多系统的接入。四是提供基础的、共享的身份认证和加解密服务。

七、农信银支付清算系统

农信银支付清算系统（NCS）是根据全国农村金融机构支付结算业务需求，应用现代计算机网络和信息技术开发的、集资金清算和信息服务为一体的支付清算平台，为所有成员机构提供支付清算和信息服务。NCS实现了对全国农信银机构实时电子汇兑业务的支持，具有以下主要特点：一是支持处理普通贷记业务、实时贷记业务、普通借记业务、实时借记业务、信息服务业务及中国人民银行批准的其他支付业务或信息业务。二是NCS实现7×24小时不间断运行，支持成员单位通过营业网点柜面渠道以及自动柜员机、自动存款机、自助终端、网上银行、手机银行、电话银行等电子银行渠道发起支付业务[①]。

第四节 支付服务组织

目前，我国已基本形成了以中国人民银行为核心、银行机构（含财务公司）为基础、特许清算机构和支付机构为补充的多元化支付服务组织。

一、中国人民银行

作为中国支付体系建设的组织者、推动者、监督者，中国人民银行肩负"维

---

①刘岚.现代支付概论[M].上海：立信会计出版社，2019.

护支付、清算系统正常运行"等法定职责,建设运行了第二代支付系统、全国支票影像交换系统、境内外币支付系统等重要业务系统,为金融机构和金融市场提供低成本、高效率的公共清算平台,加速了社会资金周转,推动了经济金融较快发展。

二、银行业金融机构

银行业金融机构是为政府、企业和个人提供支付服务的主体。近年来,银行业金融机构积极适应大数据集中趋势,不断优化行内业务系统,在传统柜台渠道的基础上,大力发展网上支付、移动支付等电子支付,向广大单位和个人提供多层次、差异化和个性化的支付服务。

三、CIPS运营机构

跨境银行间支付清算(上海)有限责任公司是经中国人民银行批准设立的CIPS运营机构,该机构是公司制企业法人,于2015年7月31日在上海注册成立,负责CIPS运营维护、参与者服务、业务拓展等工作。

四、特许清算机构

特许清算机构在特定领域提供清算服务。为满足特定领域的清算需求,鼓励非现金支付工具的创新和推广,中国人民银行积极培育多元化的支付服务主体。2002年3月,中国人民银行批准设立中国银联,负责推动跨行联网通用和银行卡普及应用,通过中国银联跨行交易清算系统,实现商业银行系统间的互联互通和资源共享,保证银行卡跨行、跨地区和跨境的使用。2002年10月和2006年4月,中国人民银行先后批准设立城商行资金清算中心和农信银资金清算中心,分别办理城市商业银行等中小金融机构的银行汇票等异地资金清算业务和城市商业银行、农村信用社等银行机构的汇兑、银行汇票等资金清算业务,大大节约了支付平台建设成本。

五、支付机构

支付机构在中国零售支付中发挥着重要作用。近年来,借助电子商务的兴起,支付机构运用互联网、移动通信等新型信息技术,充分发挥自身机制灵活的优势,提供丰富多样的个性化支付产品,并与货币市场基金、银行、保险等紧密结合,为社会公众提供小额、快捷、便民的零售支付服务[①]。

---

①李洪心.网上支付与结算[M].2版.北京:北京师范大学出版社,2018.

第四章 理财

第一节 理财概述

一、什么是理财

理财就是学会合理地处理和运用钱财,有效地安排个人或家庭支出,在满足正常生活所需的前提下,进行正确的金融投资,购买适合自己的各种金融产品,最大限度地实现资产的保值和增值。

二、家庭理财规划

(一)如何进行家庭理财

家庭理财是关于如何计划家庭收支、如何管理家庭财富的学问。正确地理财,可以让我们避免无谓的浪费,增加家庭财富,储备家庭财力,过上更加富裕的生活。

家庭理财包括开源和节流两个方面。开源指增加收入和让家庭现有资产增值,节流指节省支出与合理调节家庭消费结构,通过长期合理的家庭财政安排,实现家庭成员所希望达到的理想经济目标。

(二)如何制订家庭理财规划

理财做得好,首先要有一个全盘规划。家庭理财规划是指在全面考察收支状况、家庭资产财务情况后,根据家庭风险承担能力、家庭成员的人生偏好以及不同阶段的家庭需求,确定家庭理财目标,制订合理的家庭投资理财方案。下面介绍理财规划的5个一般定律:

1.“4321定律”

这个定律是针对收入较高的家庭,这些家庭比较合理的支出比例是:40%用于买房及股票、基金等方面的投资;30%用于家庭的生活开支;20%用于银行存款,以备不时之需;10%用于保险。按照这个定律来安排资产,既可以满足家庭生活的日常需要,又可以通过投资保值增值,还能够为家庭提供基本的保险保障。

2."72定律"

如果存一笔款,利率是x%,每年的利息不取出来,利滚利,也就是复利计算,那么经过"72/x"年后,本金和利息之和就会翻一番。举个例子,如果现在存入银行10万元,利率是每年6%,每年利滚利,12(12=72/6)年后,银行存款总额会变成20万元。

3."80定律"

一般而言,随着年龄的增长,进行风险投资的比例应该逐步降低。"80定律"就是随着年龄的增长,应该把总资产的多少比例投资于股票等风险较高的投资品种。这个比例等于80减去人的年龄再乘以1%。比如,如果现在30岁,那么应该把总资产的50%[50%=(80-30)×1%]投资于股票;当满50岁时,这个比例应该是30%。

4.家庭保险"双十定律"

家庭保险"双十定律"告诉我们,家庭保险设定的合理额度应该是家庭年收入的10倍,年保费支出应该是年家庭收入的10%。例如,一个人家庭收入有12万元,那么总保险额应该为120万元,年保费支出应该为12000元。

5.房贷"三一定律"

房贷"三一定律"是指,每月的房贷金额以不超过家庭当月总收入的三分之一为宜,否则会觉得手头很紧,一旦碰到意外支出,就会捉襟见肘。

需要说明的是,这些小定律都是生活经验的总结,并非放之四海而皆准的真理,还是要根据个人的实际情况灵活运用[①]。

第二节 常见的个人理财工具

一、银行储蓄

银行储蓄包括活期储蓄存款、整存整取定期储蓄存款、零存整取定期储蓄存款、通知存款、教育储蓄存款。储蓄存款技巧包括以下几种。

(一)12存单法

对于追求无风险收益的投资者来说,可以将每月工资收入的10%~15%存

---

①张慧.金融理财[M].合肥:合肥工业大学出版社,2018.

为定期存款,切忌直接把钱留在工资账户里,因为工资账户一般都是活期存款,利率很低,如果大量的工资留在里面,无形中就损失了一笔利息收入。

每月定期存款单期限可以设为一年,每月定存一笔,一年下来就会有 12 张一年期的定期存款单。从第二年起,每个月都会有一张存单到期,如果有急用,就可以使用,也不会损失存款利息;当然如果没有急用的话这些存单可以自动续存,而且从第二年起可以把每月要存的钱添加到当月到期的这张存单中,继续滚动存款,每到一个月就把要存的钱添加到当月到期的存款单中,重新获得一张存款单。

(二)阶梯存款法

这是一种与 12 存单法类似的存款方法,这种方法比较适合与 12 存单法配合使用,尤其适合年终奖金(或其他单项大笔收入)。具体操作方法是,假如获得一笔 5 万元的年终奖,可以把这 5 万元奖金分为均等 5 份,各按 1 年、2 年、3 年、4 年、5 年定期存 5 份存款。当一年过后,把到期的一年定期存单续存并改为五年定期,第二年过后,则把到期的两年定期存单续存并改为五年定期,依此类推,5 年后 5 张存单就都变成 5 年期的定期存单,每年都会有一张存单到期,这种储蓄方式既方便使用,又可以享受五年定期的高利息。这是一种非常适合于有一大笔现金的存款方式。

(三)合理使用通知存款

通知存款很适合手头有大笔资金准备用于近期(3 个月以内)开支的人。假如手中有 10 万元现金,拟于近期首付住房贷款,但是又不想把 10 万元简简单单存活期损失利息,这时就可以存 7 天通知存款。这样既保证了用款时的需要,又可享受比活期利率高出几倍的利率。

举例来说,用 50 万元购买 7 天期的通知存款,持有 3 个月后,以 1.62% 的利率计算,利息收益为 2025 元,比活期存款利息(以 0.72% 计算)900 元收益高出 1125 元,扣除利息税后,通知存款的收益则要比活期存款高出 80%。

(四)利滚利存款法

所谓的利滚利存款法,是存本取息与零存整取两种方法完美结合的一种储蓄方法。这种方法能获得比较高的存款利息。

具体操作方法是,比如一笔 5 万元的存款,可以考虑把这 5 万元用存本取息方法存入,在一个月后取出存本取息中的利息,把这一个月的利息再开一个零存整取的账户,以后每月把存本取息账户中的利息取出并存入零存整取的账户,这样做的好处就是能获得两次利息,即存本取息的利息再零存整取又获得利息。

(五)4分储蓄法

如果手中有1万元,并计划在1年内使用,但每次用钱的具体金额和时间不能确定,可以采用4分储蓄法。

具体步骤为:把1万元分成4张存单,但金额要一个比一个大,诸如把1万元分别存成1000元的一张,2000元的1张,3000元的1张,4000元的1张,存期均为1年。这样,如果有1000元需要急用,只要动用1000元的存单就可以了,其余的钱依旧可以"躺"在银行里"吃"利息。还可以选择另外一种"4分"的储蓄法,把1000元存活期,2000元存3个月定期,3000元存6个月定期,4000元存1年定期。

二、商业银行理财产品

根据中国银监会颁布的《商业银行个人理财业务管理暂行办法》,商业银行理财产品是指商业银行将本行开发设计的理财产品向个人客户和机构客户宣传推介、销售、办理申购、赎回等行为。商业银行个人理财产品分为保证收益理财计划和非保证收益理财计划两大类。每种理财计划根据收益和风险的不同又可分为固定收益理财计划、保本浮动收益理财计划和非保本浮动收益理财计划。

(一)"保本又保息"的固定收益理财计划

顾名思义,就是投资者获取的收益固定,若理财资金经营不善造成了损失,完全由银行承担。当然,如果收益很好,超过固定收益的部分也全由银行获得。为了吸引投资者,这种产品提供的固定收益都会高于同期存款利率。

(二)"保本不保息"的保本浮动收益理财计划

这类理财计划是指银行保证客户本金的安全,收益则按照约定在银行与客户之间进行分配。在这种情况下,银行为了获得较高收益往往投资于风险较高的投资工具,投资人有可能获得较高收益,当然若造成了损失,银行仍会保证客户本金的安全,只是收益会受到影响。

(三)"本息都不保"的非保本浮动收益理财计划

银行不对客户提供任何本金与收益的保障,风险完全由客户承担,而收益则按照约定在客户与银行之间分配。

银行销售的理财产品与存款存在明显区别,具有一定的风险。在购买理财产品前,投资者应确保自己完全理解该项投资的性质和所涉及的风险,详细了解和审慎评估该理财产品的资金投资方向、风险类型及预期收益等基本情况,在慎重考虑后自行决定购买与自身风险承受能力和资产管理需求匹配的理财产品;在购买理财产品后,投资者应随时关注该理财产品的信息披露情况,及时获取相关信息。

三、国债

国债俗称"金边债券",由国家财政信誉担保,信誉度非常高,其安全性(信用风险)等级当然是所有理财工具中最高的,而收益性因其安全性高而有所降低。

在流动性方面,除了记账式国债之外,凭证式国债、储蓄国债(电子式)都是以牺牲收益性来换取流动性的,因为二者提前兑付,要以低于国债票面利率来计算收益,而记账式国债可通过证券交易所二级流通市场进行买卖。

四、基金

基金有广义和狭义之分,从广义上说,基金是指为了某种目的而设立的具有一定数量的资金。例如,信托投资基金、公积金、保险基金、退休基金,各种基金会的基金。狭义的基金一般是指证券投资基金,即通过发行基金份额,集中投资者的资金,由基金托管人托管,由基金管理人管理和运用资金,是一种利益共存、风险共担的集合证券投资方式。

证券投资基金按基金单位是否可增加、赎回,分为开放式基金和封闭式基金;根据组织方式不同,分为契约型基金和公司型基金;根据投资目标不同,分为成长型基金、收入型基金、平衡型基金;根据投资对象的不同,分为股票型基金、债券型基金、货币型基金、指数型基金、黄金基金、衍生证券基金。

开放式基金和封闭式基金共同构成了基金的两种基本运作方式。开放式基金是指基金规模不固定,基金发起人可根据市场供求情况发行新份额,基金持有人也可根据市场状况和自身投资决策增加认购份额或赎回基金份额的投资基金。封闭式基金是指基金规模在发行前已确定,在发行完毕后和规定的期限内,基金规模固定不变的投资基金。

开放式基金是我国比较流行的由专家帮助理财的一种集合投资理财产品。开放式基金也是世界各国基金运作的基本形式之一,已成为国际基金市场的主流品种。

五、股票

股票是一种有价证券,是股份公司在筹集资本时向出资人公开或私下发行的、用于证明出资人的股本身份和权利,并根据持有人所持有的股份数享有权益和承担义务的凭证。我们一般所称的股票投资主要指投资者通过证券交易所买卖股票的行为。

(一)股市投资有哪些风险

1.市场系统性风险

这是宏观经济变化导致的股票市场大趋势变化的风险。经济和股市有盛有衰,循环不息,宏观经济欣欣向荣时,股票市场一般会进入相应的牛市状态,大多数股票会升值,此时投资股票风险较小。经济不景气的时候,股市往往会进入整体下跌的熊市,各类股票价格会持续下降,这个时候进行股票投资的风险就很大了,绝大多数投资者可能会遭受到巨大的损失。

2.行业景气风险

投资股票时要重视对公司所处行业的景气分析,选择"朝阳行业"的公司股票买入,规避萎缩和不景气行业的公司股票。

3.公司经营和业绩风险

有些股票会因为公司经营不善,无法为投资者带来预期的收益或无法分配股利,从而导致价格下跌。另外,某些上市公司管理运作的不规范和公司信息不透明,也会增加投资股票的风险。

4.利率风险

储蓄利率上升,不仅会增加上市公司的经营成本,还会增加投资者的机会成本,进而引起股票价格估值水平的整体下降,打击股票、债券的价格,造成股票投资人财富损失。

5.投机风险。这是股票持有者所面临的所有风险中最难对付的一种,它给持股人带来的后果有时是灾难性的。在股票市场上,行情瞬息万变,很难预测行情变化的方向和幅度。我们经常可以看到收入正在节节上升的公司,其股票价格却下降了;还有一些公司,经营状况不错,收入也很稳定,它们的股票却在很短的时间内上下剧烈波动。出现这类反常现象的原因,很难用某种简单的理论进行解释,也很难用某种简单的方法进行规避。因此,控制投机风险最好的办法,就是尽量远离那些投机性强和价格剧烈波动的股票。

(二)怎样控制股票投资风险

投资者在涉足股票投资的时候,应该结合个人的实际状况,制定可行的家庭投资风险控制策略。下面简单介绍控制股票投资风险的三个原则。

1.风险分散原则

投资者在安排家庭资产投资时,要牢记"不要把鸡蛋放在一个篮子里"。股票流动性好,变现能力强,但与银行储蓄、债券相比,股票价格波动幅度大,亏损的风险也大。因此,不要把全部资金都投入到股市上。对于投入股市的资金,也要切记不要把全部资金只投一两只股票,股票市场上也要进行组合投资,将资金分散投资于蓝筹股、成长股或不同行业的股票,这样可以有效地规避上市公司的个股风险和市场投机风险。

2.量力而行原则

股票价格变动较大,投资者不能只想盈利,还要有一定的风险承受能力。《中华人民共和国证券法》明文禁止透支、挪用公款炒股,正是体现了这种风险控制的思想。投资者必须结合个人的财力和心理承受能力,拟定合理的投资策略。

3.熊市不做原则

股票市场存在系统性风险,宏观经济不景气和股市大势走熊时,绝大多数上市公司的股票都会受大趋势影响,陷入价格持续下跌的走势中,此时进行股票投资风险很大,甚至会出现十投九赔的情况,因此风险控制的最好办法就是熊市不做股票。

六、期货

期货也称期货合约,是指由期货交易所统一制定、规定在将来某一特定的时间和地点,交割一定数量的实物商品或金融商品的标准化合约。国际上,期货作为投资产品的同时,也是一种有效的风险规避工具,广泛地渗透进商业经济活动中的各个领域。期货交易的基本特征可以归纳为以下几个方面:

(一)合约标准化

期货交易是通过买卖期货合约进行的,而期货合约是标准化的。期货合约标准化指的是除价格外,期货合约的所有条款都是预先由期货交易所规定好的,具有标准化的特点。

(二)交易集中化

期货交易必须在期货交易所内进行。期货交易所实行会员制,只有会员方能进场交易。那些处在场外的广大客户若想参与期货交易，只能委托期货经纪公司代理交易。所以，期货市场是一个高度组织化的市场，并且实行严格的管理制度，期货交易最终在期货交易所内集中完成。

(三)双向交易和对冲机制

双向交易，也就是期货交易者既可以买入期货合约作为期货交易的开端(称为买入建仓)，也可以卖出期货合约作为交易的开端(称为卖出建仓)，也就是通常所说的"买空卖空"。与双向交易的特点相联系的还有对冲机制，在期货交易中大多数交易者并不是通过合约到期时，进行实物交割来履行合约的，而是通过与建仓时的交易方向相反的交易来解除履约责任的。具体说就是买入建仓之后可以通过卖出相同合约的方式解除履约责任，卖出建仓后可以通过买入相同合约的方式解除履约责任。

(四)杠杆机制

期货交易实行保证金制度，也就是说，交易者在进行期货交易时者需缴纳少量的保证金，一般为成交合约价值的5%~10%，就能完成数倍乃至数十倍的合约交易，期货交易的这种特点吸引了大量投机者参与期货交易。期货交易具有的以少量资金就可以进行较大价值额的投资的特点，被形象地称为"杠杆机制"。期货交易的杠杆机制使期货交易具有高收益高风险的特点。

(五)每日无负债结算制度

期货交易实行每日无负债结算制度，也就是在每个交易日结束后，对交易者当天的盈亏状况进行结算，在不同交易者之间根据盈亏进行资金划转，如果交易者亏损严重，保证金账户资金不足时，则要求交易者必须在下一日开市前追加保证金，以做到"每日无负债"。

期货交易必须集中在交易所内进行，而在场内操作交易的只能是交易所的会员，包括期货经纪公司和自营会员。因此普通投资者在进入期货市场交易之前，应首先选择一个具备合法代理资格、信誉好、资金安全、运作规范和收费比较合理的期货经纪公司会员。自营会员没有代理资格。

七、黄金

目前，我国黄金零售市场已经放开，个人可以在黄金零售市场上购买实物黄金金条和黄金首饰等黄金制品。此外，投资者可以通过上海黄金交易所、上海期货交易所、商业银行及黄金ETF等渠道进行黄金投资[①]。

①潘鸿生.投资理财智慧书[M].北京:北京工业大学出版社,2017.

第五章 人民币汇率与外汇市场

第一节 外汇概述

一、外汇的概念

《中华人民共和国外汇管理条例》规定,外汇是指下列以外币表示的可以用做国际清偿的支付手段和资产:

1.外币现钞,包括纸币、铸币;

2.外币支付凭证或者支付工具,包括票据、银行存款凭证、邮政储蓄凭证、银行卡等;

3.外币有价证券,包括债券、股票等;

4.特别提款权;

5.其他外汇资产。

二、外汇的基本特征

外汇是非主权货币,通常各国政府不会允许外国货币作为本国市场的计价和结算货币,也不会允许外国货币在本国境内流通和使用。外汇一般具有可偿性。外汇必须是在国外能得到补偿的债权,具有可靠的物质偿付保证。

三、汇率及汇率的标价方法

(一)什么是汇率

如果将外汇当做一种商品,那么换汇实际上就是买卖外汇的过程。用人民币购买某国外币的价格就是人民币对该国外币的汇率。

汇率是各国货币之间相互交换时换算的比率,即一国货币单位用另一国货币单位所表示的价格。这种价格联系着不同国家的货币,使人们对各国货币能够直接进行比较。汇率又称为兑换率、外币行市、外汇行情、外汇牌价,或简称牌价或汇价。

(二)汇率的标价方法

外汇买卖不同于一般的商品买卖。一般商品的价格是用货币表示的,但不能反过来用商品表示货币的价格。外汇买卖是用货币购买货币,因此,汇率具有双向表示的特点。在本国货币与外国货币之间,既可用本国货币表示外国货币的价格,也可以用外国货币表示本国货币的价格,这取决于一国采用的不同标价方法。

目前,国际上使用的外汇标价方法有两种:直接标价法和间接标价法。

直接标价法又称价格标价法,是以本国货币来表示一定单位的外国货币的汇率表示方法。一般表示为1个单位或100个单位的外国货币能够折合多少本国货币。在直接标价法下,外汇汇率的升降和本国货币的价值变化成反比例关系:本国货币升值,汇率下降;本国货币贬值,汇率上升。大多数国家都采取直接标价法。

间接标价法又称数量标价法,是以外国货币来表示一定单位的本国货币的汇率表示方法。一般表示为1个单位或100个单位的本国货币能够折合多少外国货币。在间接标价法下,外汇汇率的升降和本国货币的价值变化成正比例关系:本国货币升值,汇率上升;本国货币贬值,汇率下降。

四、现钞和现汇的区别

现钞和现汇是外汇的两种不同形式。现汇是指从国外银行汇到国内的外币存款以及外币汇票、本票、旅行支票等银行,可以通过电子划算直接入账的国际结算凭证。现钞指的是外币钞票,包括纸币、铸币。

在进行跨境贸易、投资等国际结算时,现汇的安全性、便捷性和规模性较现钞具有明显优势。现钞多用于零星小额支付,特别是在银行结算没有介入的主要针对个人消费者的商业服务网点,现钞要比现汇方便。

第二节 外汇市场

目前,我国境内外汇市场按交易主体的不同区分为银行间外汇市场和银行柜台外汇市场。

一、银行间外汇市场管理

(一)银行间外汇市场概述

银行间外汇市场是指经国家外汇管理局批准,可以经营外汇业务的境内金融机构(包括银行、非银行金融机构和外资金融机构)之间通过中国外汇交易中心进行人民币与外币之间的交易市场。银行间外汇市场正处于逐步发展与完善之中。

按交易品种不同,银行间外汇市场可分为即期外汇市场和外汇衍生品市场。即期外汇市场是指在成交后第二个营业日或第二个营业日以内交割的外汇市场,是外汇市场中最传统、最基本的交易品种;外汇衍生品市场包括外汇远期市场、外汇掉期市场、货币掉期市场和外汇期权市场。

(二)银行间外汇市场的交易币种

目前我国银行间外汇市场挂牌交易货币对包括:人民币兑美元、欧元、日元、港元、英镑、澳大利亚元、新西兰元、新加坡元、瑞士法郎、加拿大元、林吉特、卢布、泰铢、韩圆、南非兰特、沙特里亚尔和阿联酋迪拉姆17个。其中,人民币兑美元、欧元、日元、英镑、澳大利亚元、新西兰元、新加坡元、瑞士法郎、林吉特、卢布、韩圆、南非兰特、沙特里亚尔和阿联酋迪拉姆14个货币为直接交易。会员的人民币对这些货币的头寸在银行间外汇市场直接形成供给与需求,通过直接交易做市商对自身头寸的灵活管理促使市场自求平衡,形成人民币对相应币种的直接汇率。

(三)银行间外汇市场交易方式和清算制度

1.交易方式

银行间外汇市场交易系统主要提供竞价和询价等交易方式。竞价交易又称匿名交易,是指做市机构通过外汇交易系统匿名报价,会员通过点击匿名报价达成交易,交易达成后双方通过集中净额清算模式进行清算。询价交易指有双边授信关系的交易双方,通过外汇交易系统双边协商交易要素达成交易,交易达成后通过双边清算或净额清算等其他清算模式进行清算。

2.清算制度

银行间外汇市场清算制度包括集中净额清算和双边清算等。集中净额清算指交易达成后,第三方作为中央清算对手方,对同一清算日的交易按币种进行轧差,根据轧差后的应收或应付资金分别向交易双方独立进行资金清算。双边清算指交易达成后,由交易双方按交易要素直接进行资金清算。目前,我国银行间人民币对外汇即期竞价交易采用集中净额清算方式,人民币对外汇即期和衍生品询价交易采用双边清算和集中净额清算等方式。

(四)银行间外汇市场结构

目前,银行间外汇市场实行多层次的做市商制度。做市商是指经监管机构核准,在我国银行间外汇市场进行人民币与外币交易时,承担向市场会员持续提供买、卖价格义务的银行间外汇市场会员。做市商履行做市义务,为市场提供流动性。目前我国银行间外汇市场按交易产品分为即期做市商、远期掉期做市商和综合做市商,即期尝试做市机构和远期掉期尝试做市机构。随着人民币外汇直接交易业务的发展,银行间外汇市场陆续引入人民币对各直接交易货币做市商。

二、银行对客户外汇市场管理

银行对客户外汇市场是指经外汇管理部门批准经营结汇、售汇业务的银行为客户办理人民币与其他货币之间兑换业务的市场。

银行开展对客户结售汇业务、自身结售汇业务以及银行间外汇交易形成的人民币和外币的头寸应满足外汇管理部门设定的结售汇综合头寸限额要求①。

第三节 人民币汇率

一、银行间外汇市场汇率

银行间外汇市场实行浮动区间管理。人民币兑美元交易价在中国外汇交易中心对外公布的当日人民币兑美元中间价上下1%的幅度内浮动;人民币兑欧元、日元、港元、英镑、加拿大元、澳大利亚元、新西兰元、新加坡元交易价在中国外汇交易中心公布的人民币对该货币汇率中间价上下3%的幅度内浮动;人民币兑卢布、林吉特、瑞士法郎、韩圆、南非兰特、沙特里亚尔和阿联酋迪拉姆交易价在中国外汇交易中心公布的人民币对该货币汇率中间价上下5%的幅度内浮动。

---

①吴琼.货币金融学[M].上海:上海财经大学出版社,2019.

二、银行对客户交易汇率

银行对客户一般挂牌三种汇率,分别是现汇买入价、现钞买入价、现汇(钞)卖出价。所谓买入、卖出价,是从银行角度出发的。现钞(汇)买入价是外汇指定银行从客户买入外币现钞(汇)的价格,也就是客户办理现钞(汇)结汇的汇率;现钞(汇)卖出价是外汇指定银行向客户卖出外币现钞(汇)的价格,也就是客户办理现钞(汇)售汇的汇率。

通常来说,由于现汇可以直接进行电子结算,入账后即变为生息资产,并且银行买入现钞后一般要积累到一定数额后,才将其运送并存入外国银行调拨使用,银行为此要承担相应的利息损失,以及现钞调运过程中的运费、保险费等支出,因此银行从客户买入现钞所出的价格低于买入现汇的价格,即一般所说的现钞买入价要低于现汇买入价。而银行向客户报出的现汇卖出价与现钞卖出价相同。

2014年7月1日起,银行可基于市场需求和定价能力对客户自主挂牌人民币兑各种货币汇价,现汇、现钞挂牌买卖价没有限制,根据市场供求自主定价。银行应建立健全挂牌汇价的内部管理制度,有效防范风险,避免不正当竞争[1]。

第四节 外汇管理

一、外汇管理的定义

外汇管理是指一国政府授权货币当局或其他机构,对外汇的收支、买卖、借贷、转移以及国际间结算、外汇汇率和外汇市场等实行的管制行为。

二、我国现行外汇管理框架

我国外汇管理部门已建立了一个涵盖居民、非居民、自然人和法人等各类主体的,侧重于功能监管的外汇管理制度体系。

(一)经常项目外汇管理

经常项目,通常是指一个国家或地区对外交往中经常发生的交易项目,包括贸易及服务、收益、经常转移,其中贸易及服务是最主要的内容。我国已于1996年实现人民币经常项目可兑换,只要购付汇是真实用于货物贸易、服务贸

---

[1]管涛.汇率的博弈 人民币与大国崛起[M].北京:中信出版社,2018.

易等经常项目用途,均予以满足。管理内容主要是货物贸易、服务贸易、个人外汇、经常项目外汇账户四个方面。

(二)资本项目外汇管理

资本项目又称资本和金融项目,包括资本账户和金融账户。资本账户包括移民转移、债务减免等资本性转移。金融账户包括直接投资、证券投资和其他投资。我国没有完全放开资本项目,而是在有效防范风险的前提下,有选择、分步骤地放宽对跨境资本交易活动的限制,逐步实现资本项目可兑换。截至 2015 年年底,根据国际货币基金组织《汇兑安排与汇兑限制年报》对资本项目交易的分类标准,在 7 大类共 40 项资本项目交易中,已有 37 项达到了部分可兑换及以上水平,占 92.5%,不可兑换项目仅剩 3 项。

(三)金融机构外汇业务管理

外汇管理部门履行银行、代兑机构、个人本外币兑换特许机构的结售汇市场准入管理和保险经营机构、证券公司、基金管理公司、财务公司、信托公司等非银行金融机构外汇业务所涉账户管理、资金汇兑的监管和统计监测。非银行金融机构外汇业务管理主要包括外汇资本金账户的开立与关闭、资金汇兑、跨境投资、保险经营机构的外汇保险业务以及证券公司发行(或代理发行)、买卖(或代理买卖)外币有价证券、财务公司内部结售汇业务等。

(四)国际收支统计与监测

国家对居民与非居民之间的一切经济交易、对外金融资产和负债存量,以及跨境交易资金流动进行统计、监测和分析,实行国际收支统计申报制度。由机构或个人直接向外汇管理部门申报相关信息的,称为直接申报。非银行机构或个人通过金融机构申报其涉外收付款的,称为间接申报。直接申报的主体目前主要是金融机构,主要包括对外金融资产负债和交易统计制度、中资金融机构外汇资产负债统计制度等内容。此外,我国还建立了国际收支统计专项调查制度,如贸易信贷调查制度等,辅助采集特定交易信息。外汇管理部门根据申报、调查以及其他管理部门]的数据加工编制国际收支统计相关报表,综合反映我国涉外经济状况,为社会各界提供经济分析、经营决策所需的信息。

(五)外汇储备管理

根据国际货币基金组织的定义,外汇储备是货币当局控制并随时可利用的对外资产,其形式包括货币、银行存款、有价证券、股本证券等,主要用于直接弥补国际收支失衡,或通过干预外汇市场间接调节国际收支失衡等用途。

外汇储备管理遵循安全、流动和保值增值的原则,开展多元化投资,创新多层次运用。目前,外汇储备实行国际资产管理行业普遍采用的投资基准管理模式,基准体系包括战略性资产配置、战术性投资策略、投资组合管理和交易执行等多个层次,有效规避风险,捕捉投资机会。此外,按照市场化原则建立委托贷款等渠道,调节外汇市场资金供求,为我国金融机构及外汇市场参与主体扩大对外经贸往来,提供良好的基础条件和融资环境[①]。

第五节 个人外汇业务风险防范

一、个人外汇业务概述

个人外汇业务按照交易主体区分境内与境外个人外汇业务,按照交易性质区分经常项目和资本项目个人外汇业务,我国按上述分类对个人外汇业务进行管理。

(一)经常项目个人外汇业务

个人经常项目项下外汇收支分为经营性外汇收支和非经营性外汇收支。经营性外汇收支是指从事货物贸易进出口的外汇收支。非经营性外汇收支是指贸易外汇收支之外的其他经常项目外汇收支。

(二)资本项目个人外汇业务

资本项目个人外汇业务包括个人财产对外转移、个人境外投资和个人参与境外上市公司股权激励计划等。

(三)个人外汇账户管理

外汇管理部门按账户主体类别和交易性质对个人外汇账户进行管理。银行为个人开立外汇账户,应区分境内个人和境外个人。账户按交易性质分为外汇结算账户、外汇储蓄账户、资本项目账户。所开立账户户名应与本人有效身份证件记载的姓名一致。

(四)个人外币现钞业务

个人外币现钞业务主要包括存入、提取、汇出和携带[②]。

---

①杨国瑰.金融学概论[M].北京:经济管理出版社,2019.
②侯惠民.外汇资产管理师教程[M].北京:中国金融出版社,2018.

二、个人外汇业务管理风险问题

(一)个人存钞来源真实性审核难度大

根据《经常项目外汇业务指引(2020年版)》规定,个人存入外币现钞当日累计等值1万美元以下(含)的,凭本人有效身份证件在银行办理;超过上述金额的,凭本人有效身份证件、经海关签章的《海关申报单》或原存款银行外币现钞提取单据在银行办理。

但在实际过程中,部分客户在便利化额度内连续多日或多次存钞,少部分客户从未发生过购汇业务。在相关机构开展日常核查中,客户对于存入的外币来源答复也是众说纷纭,有的说是境外亲戚回国带回赠予,有的说是提钞单据丢失无法一次性存入,外汇局、银行对客户提供的外币现钞来源说法无法进行进一步核实,难以取得确凿证据,更无法确定是否违规。

(二)利用便利化额度帮助他人实施购汇分拆

根据《经常项目外汇业务指引(2020年版)》规定,个人不得以分拆等方式规避便利化额度管理及真实性管理。外汇局对规避管理的个人实行"关注名单"管理。但在日常监管工作中发现,有些人为了在境外投资或购置不动产,采取分拆方式规避外汇管理。通过向亲戚朋友借用便利化额度,以分拆的方式向境外汇款。而出借便利化额度的人风险防范意识全无,给违规违法行为人提供了空间。

对一些个人分拆逃汇案件进行分析,可以发现主要原因有:一是社会公众对个人外汇法规缺乏全面了解,出借便利化额度多为当事人的同乡、亲戚或单位同事,大家都觉得当事人出国买房外汇额度不足,使用一下自己从来不用的外汇额度没有什么问题,很多人都只是简单地认为这只是在帮朋友一个忙而已,根本没意识到出借自己的便利化额度协助他人购汇分拆是违法违规行为;二是案件当事人知规违规,境外收款人(案件当事人)在境外同时开立了多个不同名账户,由其境内关系人在境内组织多名个人购汇后汇往境外的多个不同名的账户;三是隐蔽性更强,监管难度更大。随着银行电子渠道办理业务便利化、实时化程度的提高,通过自助终端、手机银行、网上银行办理相关业务,在便利大众的同时,也带来了管理难度的增加。个人分拆行为也从之前的"一对多、多对一"转向"多对多",呈现"多条线、组织性、团伙化、电子化"等特征,增加了分拆的隐蔽性,外汇管理的难度也逐步增加。

(三)通过"网络炒汇"平台实施违法犯罪活动

根据《经常项目外汇业务指引(2020年版)》规定,个人凭本人有效身份证件可通过银行柜台或电子银行渠道办理年度便利化额度内的结汇和购汇。部分客户看到网上有些"低风险,高收益"的外汇交易宣传,为赚取高额收益而陷入不法分子的"网络炒汇"骗局中。目前,常见的骗局主要有三种:一是假监管的骗局,很多投资人都知道这种业务是要监管的,但并不是所有的外汇平台都有监管,所以说这种类似的网上炒汇平台就编造一些假监管平台来欺骗大众;二是高收益骗局,一些平台在宣传期收益率非常之高;三是低风险的骗局,有些网上炒汇的平台宣传其盈利不亏损至少保本。

三、做好个人外汇业务"防风险"的建议

(一)搭建外汇大数据平台,提升银行信息共享机制

利用现代金融科技的互联网、区块链等技术手段,搭建一个银行、外汇局、海关、商务、税务等部门参与的大数据信息共享平台,提供个人外汇交易单证电子信息查询功能。银行在为客户办理业务时,可以清楚地查询到客户个人存提钞、购付汇等情况,如对于提钞单据丢失的客户通过查询电子单证信息确认后,就可以按规定让其一次性存入,避免人为高频存钞情况发生。通过大数据平台为客户建立电子存取单证、进出口、购付汇等内容全面完整的信息库,凭借信息库为个人办理外汇存提钞、购付汇、缴税等等业务,从而可以降低各类风险的发生,方便客户办理相关的所有可能发生的业务,同时也为外汇局加强非现场监测和日常监管提供有力保障。

(二)加大个人外汇管理政策宣传力度,提升个人用汇合规意识

提升个人合规使用便利化额度意识是非常重要的,只有认识水平提高了,个人分拆、出借 身份信息等违规行为才能很大程度地减少。一是要将外汇宣传工作常态化,通过有效改进宣传形式和手段,在传统宣传方式的基础上更多地运用微信、网络媒体等新平台开展宣传,扩大宣传覆盖面,真正让广大人民群众了解个人外汇管理政策,并能从自身实际需要出发,达到合规用汇、合理用汇的目的;二是将违反外汇管理政策法规的行为纳入征信管理系统,达到合规处处便利,违规时时受限的目的;三是借助网络平台、微信公众号、银行窗口、报纸、电子显示屏、外汇官方网站等多种渠道,加大对居民个人外汇管理政策法规的宣传解读力度。在自助设备端口和网络界面设立警示窗口对客户进行风险提示,建立人证识别系统,引导个人合规诚信办理外汇业务。

（三）健全网络炒汇平台联合监管机制，营造良好的金融营商环境

为切实保护群众切身利益，维护国家经济和金融安全，保障正常的外汇市场秩序，外汇局应加强与公安、税务、海关等部门的紧密协作。要强化监管合力，加大对地下钱庄和网络炒汇等非法买卖外汇活动的打击力度。加强对非法网络炒汇外汇交易平台的监控和打击。为加强对外汇业务的日常监测和风险管控，要求辖内金融机构一旦发现异常情况，第一时间向外汇局上报。同时开通咨询和投诉举报通道，对辖区非法网络炒汇进行不定期筛查，对查实的非法网络炒汇行为联合公安机关进行严厉打击。

第二篇

金融行业安全

第六章 银行业安全

第一节 银行业安全概述

一、商业银行概述

商业银行是以经营金融资产和负债为对象,以企业价值最大化为目标的特殊企业。

(一)商业银行是一种企业

与一般的工商企业一样,商业银行也具有业务经营所需的自有资金,也需独立核算、自负盈亏,也要把追求最大限度的利润作为自己的经营目标。获取最大限度的利润是商业银行产生和发展的基本前提,也是商业银行经营的内在动力,就此而言,商业银行与工商企业没有区别。

(二)商业银行是特殊的企业

1.商业银行的经营对象和内容具有特殊性

一般工商企业经营的是物质产品和劳务,从事商品生产和流通;而商业银行是以金融资产和负债为经营对象,经营的是特殊的商品——货币和货币资本,经营内容包括货币收付、借贷以及各种与货币运动有关的或者与之联系的金融服务。

2.商业银行对整个社会经济的影响和受社会经济的影响特殊

商业银行对整个社会经济的影响远大于大部分工商企业,同时,商业银行受整个社会经济的影响也较大。

3.商业银行责任特殊

一般工商企业只以盈利为目标,只对股东和使用自己产品的客户负责;商业银行除了对股东和客户负责之外,还必须对整个社会负责。

(三)商业银行是一种特殊的金融企业

在金融部门中,商业银行既有别于国家的中央银行,又有别于专业银行和非银行业金融机构。中央银行是国家的金融管理当局和金融体系的核心,具有较高的独立性,它不对客户办理具体的业务,不以盈利为目的。专业银行和各种银行业金融机构只限于办理某一方面和几种特定的金融业务,业务经营具有明显的专门性。而商业银行的业务经营则具有很强的广泛性和综合性,它既经营"零售"业务,又经营"批发"业务,已成为业务触角延伸至社会经济生活各个角落的"金融百货公司"和"万能银行"。

二、银行业风险概述

为保障银行业的安全,就必须首先了解银行业风险的来源,从而探求银行业风险的防控。

(一)商业银行风险的内在根源

1.存贷款期限错配

存贷款期限错配是指银行的负债和资产的期限不同所产生的资金紧张问题,具体就是指"银行资金来源短期化、资金运用长期化"问题。商业银行这种"短存长贷"现象容易引发商业银行的流动性风险。大量短期负债被用作长期资产的来源,那么,资产的流动性水平就会降低,容易引发流动性风险,严重的话还有可能发生挤兑。

2.信息不对称和不完全

银行是一个信息较为不对称的市场,不论是资产业务还是负债业务,借贷双方在相关信息的拥有上是不对称的,借款人对其借款的用途、项目的风险和收益拥有更多的信息,而贷款人却对此缺乏了解。

信息不对称和不完全在银行资产业务上体现得更明显,银行对授信业务的了解,一般不如授信对象自我了解得更充分。风险存在于信贷交易发生的前后每一阶段。信贷交易发生前,最想取得商业银行贷款的企业往往是最有可能导致商业银行信贷损失的企业,但商业银行却对此不完全了解,这就使商业银行在信贷交易发生前面临"逆向选择"风险。在信贷交易发生后,由于信息不对称,商业银行对企业的经营活动缺乏强有力的控制手段,难以督促企业按交易约定的内容行事,企业有可能从事有损商业银行利益的活动,如企业用信贷资金投资股票市场、进行高风险的房地产投资、借改革之机悬空银行债权等,这就使商业银行在信贷市场面临"道德风险"。

3.负外部性

负外部性是指某个经济行为个体的活动使他人或社会受损,而造成负外部性的人却没有为此承担成本。负外部性有两种形式。第一种形式的负外部性是由金融机构间的债权债务关系引起的。由于金融机构间的债权债务关系非常复杂,一家金融机构即使经营非常正常,也会因与之有较强债权债务关系的金融机构的倒闭而蒙受损失,严重时甚至可能发生连锁倒闭。第二种形式的负外部性是由于行业同质性和信息不充分引起的。由于金融业具有传染性,当某家金融机构(如银行)因经营不善导致公众失去信心而发生挤兑时,由于大部分公众对该家金融机构的了解不可能很充分,这种情形有可能会波及其他金融机构,从而使个别金融机构出现的问题波及整个金融业,酿成金融危机。在全球一体化的形势下,这种负外部性的作用可以跨越国界,造成金融风险和金融危机在国际上蔓延。

4.高负债性

高负债率是商业银行最明显的经营特征。跟一般企业相比,商业银行具有更高的负债比率,而且,商业银行的资产和负债收益不对称,负债成本相对稳定,但资产收益是相对不确定的。高负债和资产负债收益不对称使商业银行承担特别的风险,即使资产运用成功,金融机构的获利也只是资产派生的利息,而一旦失败则会损失本金。而同时,不管资产运用是否成功,除非倒闭,商业银行负债的本金和利息是不能豁免的。因此,如大笔资金运用不当而遭受巨大损失,其将严重侵蚀比例较低的资本金并危及金融机构的安全。尤其近些年,随着金融创新的推进,各种新型的金融资产、负债以及衍生工具层出不穷,使得商业银行面临的经营不确定性越来越大。

(二)商业银行风险的外部原因

1.宏观经济形势的变化

国际、国内的宏观经济形势出现波动,如通货膨胀、经济周期波动等都是银行风险的重要来源,严重的金融危机、经济危机往往会使商业银行经受不住冲击而可能面临破产、倒闭。

2.国家经济政策

一国的经济政策调整必将影响其国内社会经济活动,如国家投资总量、投资结构、行业分布、外汇流动等政策的调整,都会直接或间接地影响银行的经营安全。此外,国家金融政策的调整也会对商业银行产生较大影响。中央银行货币政策的变动,将会导致货币供应量、基础利率、汇率等的变动,从而影响整个社会的金融秩序,给商业银行的成本和收益带来很大的影响。

3.市场竞争

近年来,我国新设金融机构数量增长较快,尤其是城市商业银行和农村金融机构日渐增多,以及民营银行的设立和外资银行的引入不断加快,金融活动日益多样化、国际化,金融机构之间的竞争愈演愈烈。竞争就是优胜劣汰,市场的竞争对商业银行的经营构成了持续压力。

(三)商业银行风险的主观原因

商业银行内部控制存在的一些问题,也是导致商业银行风险的重要原因。

1.高杠杆运营决定了商业银行的高风险性

商业银行的高杠杆运营决定了它的高风险性,与一般企业不同,商业银行的资产构成中绝大部分为存款,对于商业银行来说即是负债,而仅有小部分为自有资产或股权资产。由于高杠杆运营,商业银行对市场的反应更为灵敏,一旦市场进入下行区间,商业银行要比低杠杆企业高出几倍甚至几十倍的风险。

2.内控意识与内控文化仍待培育

商业银行的安全运营很大程度上依赖于商业银行的内部控制。内部控制是商业银行董事会、监事会、高级管理层和全体员工参与的,通过制定和实施系统化的制度、流程和方法,实现控制目标的动态过程和机制。经过几十年的市场化运营,尤其是改制上市以来,商业银行内控建设从无到有,取得了较大进步。但是由于起步较晚,以及我国宏观经济形势变化较快,导致我国商业银行内控制度仍然存在一些问题,我国很多商业银行缺乏相对完善的内控文化,各层人员自身的内控意识不高,容易受到短期利益的影响,而出现重业务轻管理的问题,缺乏较高的风险防范意识。

3.内控制度执行不够到位

一些商业银行内控制度执行不到位,其具体体现在:首先,岗位设置难以满足商业银行内部控制要求,在实际的制度执行过程中,银行通常更注重于减员增效,导致岗位分离制度难以得到严格地执行,在许多的分支机构中,还普遍存在着一人多岗、混岗的问题,这就很容易导致经济案件的出现;其次,缺乏高素质的管理岗人员,导致监督制度不能充分发挥监督作用,各商业银行原本都有授权管理监督制度,在实际的执行过程中,由于管理人员自身风险意识的淡薄,或者人员数量的不足等原因,容易出现虚假授权与逃避授权等问题,并因此而使得授权制度最终流于形式;最后,业务主管部门过于重视制度建设,并没有做到严格地贯彻检查。

三、银行业安全管理概述

(一)银行业安全监管

1.商业银行的资本

商业银行资本是银行从事经营活动必须注入的资金,可以用来吸收银行的经营亏损,缓冲意外损失,保护银行的正常经营,为银行的注册、组织营业以及存款进入前的经营提供启动资金等。从保护存款人利益和增强银行体系安全性的角度出发,银行资本的核心功能是吸收损失,一是在银行清算情况下吸收损失,其功能是为高级债权人和存款人提供保护;二是在持续经营情况下吸收损失,体现为随时用来弥补银行经营过程中发生的损失。商业银行以负债经营为特色,其资本占比较低,因此承担着巨大风险。相对而言,商业银行资本发挥的作用比一般企业更为重要。

2.商业银行资本监管

以监管资本为基础计算的资本充足率,是监管部门限制银行过度承担风险、保证金融市场稳定运行的重要工具。资本充足率是指商业银行持有的符合固定的资本(监管资本)与风险加权资产之间的比率。

(二)商业银行安全管理

为保障商业银行的安全运营,商业银行应不断建立并完善安全管理体系,对各类风险进行有效识别、计量、监测和控制,完善的安全管理体系包括良好的风险治理结构、明确的风险偏好、稳健的风险文化、严格的风险限额、清晰的风险政策和流程、高效的风险数据与IT系统、有效的内部控制和内部审计。

1.商业银行安全管理体系

商业银行的安全管理体系具体由董事会及其风险管理委员会、监事会、高级管理层、风险管理部门组成,体现为上述主体之间在安全管理职责方面的监督和制衡机制。

(1)董事会及其风险管理委员会

在现代公司治理机制下,企业所有权与经营权分离,董事会受托于公司股东,成为银行公司治理结构的重要组成部分。董事会向股东大会负责,是商业银行的决策机构。

(2)监事会

中国银监会《商业银行公司治理指引》规定,监事会是商业银行的内部监督机构,对股东大会负责。除依据相关法律法规和商业银行章程履行职责外,在风险管理方面,对本行经营决策、风险管理和内部控制等进行监督检查并督促整改。监事会对董事会、高级管理层履职情况进行监督并向股东大会报告。

(3)高级管理层

高级管理层对董事会负责,同时接受监事会监督,是商业银行的执行机构。商业银行高级管理层负责根据业务战略和风险偏好组织实施资本管理工作,确保资本与业务发展、风险水平相适应,落实各项监控措施,定期评估资本计量高级方法和工具的合理性、有效性。高级管理人员应当按照董事会要求,及时、准确、完整地向董事会报告有关本行经营业绩、重要合同、财务状况、风险状况和经营前景等情况。

(4)风险管理部门

风险管理部门在高级管理层(首席风险官)的领导下,负责建设完善包括风险管理政策制度、工具方法、信息系统等在内的风险管理体系,组织开展各项风险管理工作,对银行承担的风险进行识别、计量、监测、控制、缓释以及提供风险敞口的报告,促进银行稳健经营、持续发展。

2.商业银行安全管理流程

商业银行的安全管理流程可以概括为风险识别、风险计量、风险监测和风险控制四个步骤。

(1)风险识别

风险识别是指在风险事故发生之前,人们运用各种方法系统地、连续地认识所面临的各种风险以及分析风险事故发生的潜在原因。风险识别过程包含感知风险和分析风险两个环节。感知风险是通过系统化的方法发现商业银行所面临的风险种类和性质;分析风险是深入理解各种风险的成因及变化规律。

(2)风险计量

风险计量是在风险识别的基础上,对风险发生的可能性、风险将导致的后果及严重程度进行充分的分析和评估,从而确定风险水平的过程。

风险计量可以基于历史记录以及专家经验,并根据风险类型、风险分析的目的以及信息数据的可获得性,采取定性、定量或者二者相结合的方式。

(3)风险监测

商业银行风险监测包含两个方面工作:一是监测各种风险水平的变化和发展趋势,在风险进一步恶化之前提交相关部门,以便其密切关注并采取适当的控制措施,确保风险在银行设定的目标范围之内;二是报告商业银行所有风险的定性/定量评估结果,并随时关注所采取的风险管理控制措施的实施质量和效果。

（4）风险控制

风险控制是商业银行对已经识别和计量的风险采取分散、对冲、转移、规避和补偿等策略，以及合格的风险缓释工具进行有效管理和控制风险的过程。风险控制分为事前控制和事后控制。

以上银行安全管控的四个步骤并不是严格的顺序流程，每个步骤之间是相互影响、前后呼应的。风险监控和报告贯穿于整个风险管理的流程。影响风险水平的因素可能随时发生变化，从而需要随时根据风险监测的结果调整风险控制措施。而风险控制措施产生的实际效果也是风险监控和报告的重要内容[①]。

第二节 商业银行负债业务风险与安全

一、流动性风险与安全

（一）流动性风险概述

1.流动性与风险性和收益性的关系

流动性是指商业银行能够随时满足客户提现和必要的贷款需求的支付能力；流动性风险是指商业银行无法及时获得或以合理成本获得充足资金，用于偿付到期债务、履行其他支付义务或满足正常业务开展需要的风险（从银行负债业务的角度）。

（1）流动性与风险性

金融机构的流动性与风险性是负相关的，即流动性越高，风险性越小；流动性越差，风险性越大。

从资产方面看，流动性较强的资产，如短期有价证券投资等，一般风险较小；反之，流动性较差的资产，如长期贷款等，一般风险较大。

从负债方面看，流动性较强的负债，如活期存款、大额可转让定期存单、向其他金融企业拆借资金或向中央银行借款等，一般风险较小；反之，流动性较弱的负债，如定期存款资金、市场上的长期性质借款等，一般风险性较大。

---

① 张炳辉.金融行业安全[M].北京：中国金融出版社，2018.

（2）流动性与收益性

流动性与收益性两者之间也呈负相关性,如果商业银行资产流动性比预期强,那么带来的直接收益将减少,原因是如果资产流动性比预期强,则部分长期贷款变成了短期贷款,长期证券投资变成了短期证券投资,那么利息收入必然比预期减少,故损失也减少。

如果商业银行负债流动性比预期强,那么,带来的结果是直接收益将增加,原因是如果负债的流动性比预期增强,部分定期存款变成了活期存款,部分长期借款变成了短期借款,那么其利息支出必然比预期相应减少,而利息支出减少可以使资金成本降低,资金成本降低则意味着金融机构收益增大。

2.商业银行保持流动性的重要性

（1）商业银行现金流动最频繁

商业银行的资金绝大部分是由短期负债构成的,并且相当一部分是活期存款,而债权人何时提取存款很难预测;其他类型的存款,如定期存款也会有提前支取的情况,并且也会存在各类存款到期日相对集中的情况。因此,银行的流动性风险要比其他金融机构大得多,因为客户未来提取存款和申请贷款的需求是难以预料的,如果发生客户提存或其他债务到期,银行必须及时偿付,否则轻者会陷入经营困境,重者会破产倒闭。所以,必须保留足够的现金或具有较强变现能力的金融资产。

（2）商业银行的流动性具有刚性特征

工商企业不能支付贷款或不能清偿债务时,可以与债权人协商或请求宽限一定时间。商业银行则不同,一旦出现流动性不足,不能满足客户提存或支付其他债务,消息一经传出就会出现挤兑风潮,甚至导致金融机构关门或破产。

（3）流动性是维持商业银行竞争力的基础

在金融业激烈的竞争下,商业银行可以选择客户,客户也可以选择银行机构。如果一家商业银行不能随时保证客户的流动性需求,就会失去市场竞争力,引起客户流失,危及自身的生存和发展。

（4）保持足够的流动性也是商业银行应对意外事件所必需的基本保障

因为突发性的重大政治、军事事件以及恶性通货膨胀等,都会大大动摇存款的稳定性,甚至会引发存款挤提。在这种情况下,流动性短缺就会使金融机构措手不及而陷入困境,严重的乃至破产。

(二)流动性风险的安全管控措施

1.负债管理的主要策略

(1)负债来源分散化管理

巴塞尔委员会在2008年9月的《稳健的流动性风险管理和监管原则》原则7中指出:商业银行应建立多样化的融资来源。银行应保持负债来源的分散性与多样性,在期限、交易对手、抵押品、金融工具类型、货币以及地理位置上保持适度的分散性。风险管理人员应熟悉多样化的融资来源,了解银行融资来源的组成,熟悉不同类型金融工具的流动性特点,明确各融资工具在不同情景下的表现与可获得程度。高管层应明确了解银行的资产和融资来源的构成、特征和多样化程度。还应定期评估融资策略在内部或外部环境变动下的有效性。

(2)保持"市场接触"管理

银行应该建立持续的"市场接触"管理机制,以保持批发融资来源的稳定性。银行应该积极管理和定期测试银行的市场接触能力。银行的市场接触管理包括建立合适的系统,健全法律文档、操作流程和信息获取体系。首先,建立一套管理体系,识别、监测和维护主要的交易对手。其次,定期分析并执行与各个交易对手的融资交易,以确认融资渠道的可行性。最后,认真评估不同情景下的资金可获得性。在市场接触管理中,银行还需要将中央银行作为交易对手,与中央银行保持密切沟通,理解中央银行对紧急融资的要求,并为此做好准备。

2.负债管理的具体措施

该策略主要是指增加主动型负债,是商业银行在需要或缺乏资金时,通过临时性借款方式筹集资金来增加供给,满足和维持所面临的流动性需求。同时注重负债的多元化。其具体的方法如下。

(1)同业借款

同业借款是商业银行在需要或缺乏资金时,通过向同业借款的方式寻求或融通资金的行为。同业借款又分为同业拆借、转贴现和转抵押借款。

一是同业拆借。指的是金融机构之间的短期借款,是商业银行为解决短期资金余缺,或调剂法定准备头寸而相互融通资金的一种方式。同业拆借期限短,多为日拆;交易手续简单,多是电话洽商,通过中央银行的存款账户划转;利率随行就市,议价成交;一般不需要抵押品,交易额度较大。

二是转贴现。是指商业银行将自己对客户贴现收进的未到期票据,再转向其他银行或金融机构贴现寻求资金的方式和行为。当银行发生临时性资金周转不灵,而采用其他方式借款不便或处于不利地位时,银行就可以将已经贴现进来的未到期票据再向其他银行请求贴现来寻求资金。

三是转抵押借款。是指商业银行将自己持有的有价资产,或是发放抵押贷款收到的抵押品,交由其他银行或金融机构作为担保品抵押借人款项的行为。由于较常见的是商业银行将自己占有的贷款人的抵押品再转手抵押借款,所以一般将这种融资方式统一称为"转抵押借款"。

(2)向中央银行借款

向中央银行借款简称央行借款,是以中央银行为特定借款对象的资金融通方式。其具体形式有三种:一是信用借款,即无须商业银行提供任何担保或抵押,仅仅凭商业银行自身的信用就从中央银行得到的借款;二是再贴现借款,这是商业银行从中央银行借款的主要方式。具体是指商业银行把已经对客户贴现收进的尚未到期的票据拿到中央银行再进行贴现寻求资金的方式;三是再抵押借款,这类似于上面的转抵押借款,所不同的是借款对象是中央银行,且对抵押品的资质要求更严格一些。

(3)回购协议交易

回购协议交易又称为售后回购,是商业银行在需要或缺乏资金时,通过出售自己所持有的有信贷价值的资产并订立协议,约定在一定期限之后按约定价格再将其购回的方式寻求及时可用资金的交易行为。回购协议的交易标的大多数是政府债券,因而可以将其看成是一种以政府债券做担保的短期资金借贷。

(4)发行金融债券和大额可转让定期存单

商业银行在金融管理当局批准之后,可以采用发行金融债券或大额可转让定期存单等金融工具的方式筹措资金,来满足提供流动性供给的需要。在发行金融债券时,可利用的债券形式如下:

一是普通金融债券。这是一种类似于定期存单的到期一次性还本付息的债券,短中期居多,均以平价发行,利率略高于同期存款利率,不计复利;二是累进利息金融债券。这是一种利率与期限挂钩、分段累进计付利息的金融债券。一般期限越长,利率越高。持有者可以在最短和最长期限之间随时到发行银行要求兑付,有较高的灵活性,因而较受投资者的欢迎;三是贴水金融债券。这是商业银行在一定期限内按一定的贴现率以低于债券票面金额折价发行、到期按票面额归还的债券。其利率和发行价格都不印在票面上,而是根据债券的票面金额和事先确定的贴现率加以推算,或者是除票面额之外其他的都不事先确定,采用招标拍卖的方式来确定贴现率和发行价格。

大额可转让定期存单可利用的种类也比较多,按计息方式主要有浮动利率大额可转让定期存单、固定利率大额可转让定期存单;按币种划分有欧洲美元大额可转让定期存单、扬基大额可转让定期存单等。它所具有的固定期限、固定金额、固定计息方式和可以在二级市场上转让流通的所谓"三固定,一转让"的特点,使其成为商业银行通过寻求负债供给,来满足流动性需求的另外一种经济、有效的方式。

(5)售后回租

售后回租指商业银行将自己拥有的营业场所和设施先行出卖给租赁公司或其他投资者,而后又以分期支付租金为条件租回来继续使用,以解决资金周转困难。该种交易实际上是将占压在固定资产中的资金置换出来,参与银行的正常周转,即将固定资金转化为流动资金。商业银行在尝试其他方式依然不能解决流动性需求问题时,就可以使用这种方式来救急,待资金宽裕时再将其购回,或是另行添置。

二、利率风险与安全

(一)利率风险概述

1.利率风险的含义

对于商业银行而言,利率风险是指由于利率波动致使银行在利息收入以及资产市值方面遭受损失的可能性。如果商业银行的存款和贷款在类型、数量和期限上不一致,而且存款、贷款利率不同步,则银行将面临利率风险。

银行利率风险的第一个来源是资产负债利率差异。因为商业银行所贷出去的资金绝大部分都是借入的资金,当银行吸收或借入的资金利率和贷放出去的资金利率不匹配时,利率风险就产生了。银行面临的这种利率风险又可以分两种情况:一种是由利率性质不匹配引起的;另一种是由与计算利率有关的期限不匹配引起的。只有银行把借入资金利率和贷出资金利率的性质和期限匹配好,才可以避免利率风险。

商业银行利率风险的另一个来源是,商业银行持有了越来越高的债券,无论是政府债券还是企业债券,它们的价格都会受市场利率波动的影响。市场利率上升,债券价格就会下跌;反之,市场利率下跌,债券价格就会上升。因此,债券价格随市场利率的波动会给商业银行带来额外的收益或者损失。

2.利率风险的表现形式

（1）重新定价风险

重新定价风险产生于银行资产、负债和表外头寸到期日的不同（对固定利率而言）及重新定价的时间不同（对浮动利率而言），要么资产的期限大于负债的期限，要么负债的期限大于资产的期限，即期限错配。当利率发生不利的变化时，银行将因期限的不匹配而遭受损失。

（2）收益率曲线风险

所谓收益率曲线风险是指收益率曲线的斜率以及形状因为某种原因发生改变之后，使银行暴露在重新定价不匹配的风险中，对银行收入或银行经济价值造成的不利影响。

（3）基准利率风险

基准利率风险是被选来作为各个不同期限贷款基准的利率，通常为1年以下的短期货币市场资金借贷利率。其中最常见的是伦敦同业拆放利率，它是指以伦敦为依托的欧洲货币市场上，银行同业之间进行以欧洲货币表示的短期货币资本借贷时所依托的利率。对银行来说，基准利率风险的产生主要来自于不同的定价基准，或定价参考标准之间的非同步变化。

（4）期权风险

所谓期权是指一种选择权，期权赋予持有者以事先约定的价格买入、卖出或者以某种方式改变某一金融工具或合同的现金流的权利。只有当执行合同对自己有利时，期权合同的持有者才会选择实施合同。因此，当期权合同被实施时，对买者有利，对卖者不利。当利率变化时，客户行使隐含在银行资产负债表中的期权会给银行带来损失的可能性，即在客户提前归还贷款本息或提前支取存款的潜在选择会产生利率风险。

（二）利率风险的安全管控措施

1.综合利率风险控制

所谓综合利率风险控制，是指通过对资产与负债的共同控制和调节，来实现对商业银行整体的利率风险进行控制的管理活动。

商业银行的各项资产与负债，依据其期限和利率特点的不同可以分为三类：①相匹配的资产与负债。这类资产与负债期限相同，利差事先确定。②利率敏感性资产与负债，其利率随市场利率的变化而变化，因而其价值也相应改变，如浮动利率的存贷款、商业银行持有的投资资产等。③利率非敏感性资产与负债，它们在相对较长的时间之内利率都维持不变，如固定利率的存贷款、长期投资、次级债券等。

缺口管理就是在对利率的变动趋势进行把握的基础上，通过有意识地保持某种缺口状态，来使商业银行的利差最大化，或者是保持净利差的基本稳定。其基本的做法是根据利率变动趋势来改变缺口的状态及其大小。

如果预测到未来的利率将上升，就决定保持正缺口，即：①通过增加利率敏感性资产，或者减少利率敏感性负债，抑或是两者相结合共同使用；②尽可能地减少固定利率资产，增加固定利率负债；③注意延长盈利性资产的期限，相应缩短负债的期限，以图重新进行利率定价。采取这样三种办法来扩大缺口，最终将使银行的净利息收入最大化。如果预测到利率将下降，则决定在未来维持负缺口状态，并采取与利率上升时相反的资产负债结构调节措施，最终将会使商业银行的资金成本下降，净利息收入增加。如果对未来利率的预测难以把握，或者未来的利率变动频繁、起伏不定，则决定固守零缺口状态，使利率敏感性资产与利率敏感性负债、利率非敏感性资产和利率非敏感性负债在数量和期限上尽可能保持一致，做了这样的一些调整，则无论市场利率如何变动，商业银行最终都将获得基本稳定不变的净利息收入。

当然，理想的状态是在利率高峰时缺口最大，而在利率低谷时缺口最小，这应该是银行所要努力追求的。进行这样的管理，成功或有效的关键取决于两点：一是对利率的周期性变化要有准确的预测和把握；二是缺口调整要打提前量，适当先于利率的变化。

2.单一业务活动利率风险控制

单一业务活动利率风险控制有两种基本的控制类型，一种是直接控制，另一种是间接控制。

一是单一业务活动利率风险直接控制。就是商业银行在对利率的变化趋势比较有把握的情况下，通过直接的利率定价措施来控制利率风险。基本的原则是：当预测未来的利率上升时，在贷款业务中尽可能地以浮动利率的方式来对贷款进行定价；而在负债业务中，则注意扩大固定利率存款的增长，缩小或控制浮动利率存款的规模。当预测未来的利率下降时，就采取与上面相反的定价策略。

二是单一业务活动利率风险间接控制，就是在某一方面或某一笔业务活动之中或者之后，采取一定的附加性措施，来控制利率风险对银行损益的影响。其本质就是利用衍生金融工具对银行的利率风险头寸进行套期保值交易。在采取资金缺口管理、有效久期管理的基础上，随着金融创新的发展，越来越多的金融工具被创造出来用于商业银行的利率风险管理,如远期利率、利率期货、利率期权、利率互换等。

三、操作风险与安全

(一)操作风险概述

操作风险的分类和表现主要如下:

1.由人员因素引发的操作风险

一是员工违法行为。银行内部员工所具有的信息、身份优势为其进行违法活动提供了可能。由银行员工违法行为导致的操作风险包括:挪用客户资金、欺骗(内部员工欺诈和内外勾结欺诈)、蓄意破坏银行声誉、洗钱、偷窃银行财产(实物财产和知识产权)。

二是员工操作失误。这种风险是由员工业务操作过程中的非主观失误造成的,如数字输入错误、忘记复核等。由银行员工操作失误引起的操作风险一般具有损失小(当然不排除特殊情况)、发生频率高、难以事先预测和非员工故意行为的特征,因而更加难以防范。

三是核心员工流失。由于关键人员掌握大量技术和关键信息,他们的流失将给银行带来不可估量的损失,体现为对关键人员依赖的风险,比如交易员、高级客户经理等岗位人员的流失,包括缺乏足够的后援或替代人员,相关信息缺乏共享和文档记录,缺乏岗位轮换机制等。这类事件对银行的影响通常要经过一段时间以后才能体现出来,且难以量化,但依然不容忽视。

四是劳动力中断。劳动力中断是指罢工等劳动力行为造成的银行人员不足而无法正常运转的情况。虽然电子科技飞速发展,但银行仍呈现出明显的劳动密集特征,特别是一些关键技术、岗位、信息必须有合适的人来运作。因此,劳动力中断给银行造成的损失将是非常巨大的。

五是违反用工法。员工劳动合同的签订和解除应符合《劳动法》《劳动合同法》等相关规定,相关的内部规章制度的制定和员工的安排使用,也应以上述两个法规为依据,并及时传达给员工。违反用工法导致操作风险的情况包括非法终止合同、歧视政策或差别待遇、虐待员工、违反健康与安全规定等。

六是员工越权行为。商业银行内部员工因过失没有按照雇佣合同、内部员工守则、相关业务及管理规定操作或者办理业务造成的风险,主要包括因过失、未经授权的业务或交易行为以及超越授权的活动。具体包括滥用授权、超过限额、超越交易规则、超越岗位职责等。

2.由系统缺陷引发的操作风险

由系统缺陷引发的操作风险是指由于信息科技部门或服务供应商提供的计算机系统或设备发生故障或其他原因,商业银行不能正常提供服务或业务中断而造成的损失。当代的银行业是一个高度依赖电子化系统的行业,系统的良好运转是保证银行正常运营与发展的基本条件,因此系统因素给银行带来的风险不容忽视。

系统因素引起操作风险的情况可以分为:数据/信息质量引发的风险,违反系统安全规定引发的风险,系统失灵或瘫痪引发的风险,由系统的稳定性、兼容性、适宜性等问题导致的系统漏洞等风险。

3.由内部流程引发的操作风险

由内部流程引发的操作风险是指由于商业银行业务流程缺失、设计不完善,或者业务流程没有被严格执行而造成的损失,包括如下几方面:

一是业务流程办理错误。包括财务/会计错误、结算/支付错误、监控报告错误等(是指商业银行监控报告流程不明确、混乱,负责监控/报告的部门职责不清晰,有关数据不全面、不及时、不准确,造成未履行必要的汇报义务或者对外部汇报不准确)。

二是业务流程设计不合理。它是指商业银行为客户提供的金融产品不完善、不健全,业务流程中的一些漏洞会有可能被不法分子利用,从而给银行造成损失的可能性。

三是流程执行不严格。是指银行在业务执行过程中,缩减步骤或随意加插不必要的人员或程序两种情况。

4.由外部事件引发的操作风险

银行的经营都是处于一定的政治、社会、经济环境中,经营环境的变化、外部突发事件都会影响到银行的经营活动,甚至产生损失。

因此,外部事件是源于环境因素的变化而导致的业务错失。例如,员工在办理业务的过程中被客户用欺诈手段利用,给银行带来潜在的风险就属于这个范畴。主要包括如下几方面:

一是外部欺诈/盗窃。外部欺诈是指外部人员故意骗取、盗用财产或逃避法律而给商业银行造成损失的行为,包括外部的盗窃、抢劫、涉枪行为;伪造、变造结算业务法律文件等欺诈行为。外部人员的蓄意欺诈行为是给银行造成损失最大、发生次数最多的操作风险之一。外部人员精心设计的骗局和陷阱常常令商业银行防不胜防。

二是外部经营环境的变化。是指由于银行监管法规、政策或银行的合作者、相关资源供应商的突然改变使银行经营受到影响,并发生损失的风险。由于银行业在金融系统的独特作用,各国银行监管机构都制定了严格的监管法律规章,监管法规或政策的变化可能使银行的经营不能连续进行,甚至发生损失。典型的如金融混业经营与分业经营的变化;或本国政府或商业银行海外机构所在地政府的立法、政变、政府更迭等引起的政治风险。

三是外部突发事件。一些外部突发事件可能导致银行经营的突然中断,并因此引起损失。由于这类事件的不可预测性,在商业银行的日常经营活动中建立应急准备,以保持业务经营的连续性就显得非常必要。这类突发事件包括业务外包服务暂停、自然灾害、外部人员的犯罪行为(指没有预谋的突发犯罪行为)等,如美国"9·11"事件等,对经济活动造成了干扰。

(二)操作风险的安全管控措施

银行应该制定一套操作风险控制的程序和步骤,并且以书面制度的形式确保有关风险管理系统的内部政策能被遵循。风险管理文化、公司治理结构与风险控制体系建设对银行控制操作风险至关重要。一个有效的内部控制系统还需要对职责进行适当的分解,划分责任时要注意避免利益冲突。

1.公司治理与内部控制

完善的公司治理结构和健全的内部控制是商业银行有效防范和控制操作风险的前提。

公司治理是现代商业银行运作的核心,良好的公司治理必须明确董事会、监事会和高级管理层,及内部相关部门在防范和控制操作风险方面所承担的职责。其中,董事会负责批准在全行范围内采用操作风险管理系统,并将操作风险作为主要风险来管理等;监事会负责对商业银行遵守法规情况以及董事会、高级管理层履行职责情况进行监督;高级管理层负责具体执行经董事会批准的操作风险管理系统。此外,有效的操作风险防范要求管理层将职责分解到相应的职能部门,这些职能部门包括:风险管理部门、业务审计部门、内部审计部门、合规部门和后勤保障部门等。

内部控制是商业银行为实现经营目标,通过制定和实施一系列制度、程序和方法,进行事前防范、事中控制、事后监督和纠正的动态过程和机制。银行员工违法行为导致的操作风险通常是由于银行内部管理、监督上存在漏洞造成的。为防范此类操作风险,银行应在加强内控建设和强化管理上下功夫。首先,要做到有章可循,有章必循,违规必纠,执规必严。其次,加强与员工的交流,掌握员工的思想动态,对关键岗位人员工作8小时之外的社会交往、投资情况进行适当检测,尽早发现其不良企图和作案动机,将他们的犯罪行为扼杀在萌芽状态。

2.职业操守

员工在职业过程中应当遵循诚实信用、守法合规、专业胜任、勤勉尽职、保护商业秘密与客户隐私、避免利益冲突与关联交易、公开竞争等从业基本准则。

员工应当熟知所从事业务的特性、后台处理流程、风险控制框架、权利与义务关系、收益和潜在风险以及政策法规要求。应当尊重同事及同事的工作,树立相互理解与信任、合作与支持的团队合作意识,树立共同创造、共同进步的责任意识。应当自觉遵守所在机构的各种规章制度及岗位职责,完成岗位考核要求,维护所在机构的声誉。应当积极配合监管部门的现场监管和非现场监管活动。

3.信息系统

先进的业务处理系统能大幅提高银行的经营管理水平,并降低操作出错的概率。集中式的、可灵活扩充的业务系统有助于业务系统的稳定运行。银行应该研发应用专门的风险管理系统。在推出新业务的同时,要对相应的交易系统全面而深入地检测、试验,以发现系统中存在的问题,避免损失和纠纷的发生。尤其要对新的、不成熟的交易系统进行严密监控,以便随时发现并解决问题。

4.用工法规

要严格执行《劳动法》《劳动合同法》及相关劳动法规,银行内部相关规章的制定必须严格符合以上法规的要求,并在员工中做好宣传学习工作,保证满足每个员工的知情权;树立"人性化"用工的理念,在用工过程中要坚决避免出现歧视性政策;对于涉及内部员工违规的事件,要在充分调查、弄清事实的基础上,提出合理适当的解决方案。

5.应急预案

保持对突发事件的敏感性,建立切实可行的突发事件应急预案。突发事件常常具有不可预测性,但对相关事宜常抓不懈,可以切断意外事件发生的根源。此外,在业务操作控制方面,还要完善会计处理流程,健全支付结算管理组织体系,强化一线的内控力量和管理责任等[①]。

---

①宋玮.商业银行管理[M].2版.北京:清华大学出版社,2017.

第三节 商业银行资产业务风险与安全

一、信用风险与安全

(一)信用风险概念

信用风险是指债务人或交易对手未能履行合同规定的义务或信用质量发生变化,影响金融产品价值,从而给债务人或金融产品持有人造成经济损失的风险。

商业银行的信用风险主要存在于贷款业务中,贷款信用风险是商业银行面临的最主要的信用风险,导致信用风险的原因既有可能是借款人的履约能力出现了问题,也有可能是借款人的履约意愿出现了问题。信用风险虽然是商业银行面临的最主要的风险种类,但其在很大程度上由个案因素决定,与市场风险相比,信用风险观察数据少且不易获取,因此具有明显的非系统性风险特征。

(二)信用风险安全管理措施

1.信用风险的回避

在信用风险的识别和度量工作完成以后,如果信用风险管理人员发现某些风险发生损失的可能性很大,或者一旦发生且损失的程度很严重时,可以放弃从事某项风险比较大的业务,这就是风险回避。

风险回避是一项有意识不让银行面临信用风险损失的行为,是防范和控制信用风险最彻底的方法,但这种方法也明显有其局限性,虽然回避了信用风险,但同时也使银行失去了获利的机会。

2.信用风险的分散

分散策略是信用风险管理的一种常用而且有效的策略。信用风险分散的实质是通过贷款或投资的分散化来达到降低信用风险的目的,即"不要把所有的鸡蛋放在一个篮子里"。在实际业务中,信用风险的分散体现为各类限额管理。

3.信用风险的转嫁

信用风险的转嫁策略是指银行以某种特定的策略将信用风险转嫁给他人承担的一种策略。

（1）信用风险的保险转嫁

银行通过直接或间接投保的方式，将信用风险转嫁给保险人承担，这种通过保险公司开办信用保险转嫁风险的方式对银行来说极为有效。出口信用大多有出口信用保险机构提供的出口信用保险作支持，国际信贷、国际投资中的国家风险特别是其中的政治风险也可以由保险人承保。银行还可以要求其客户将其在生产经营过程中面临的各种可保风险都向保险公司投保，从而将银行面临的信用风险间接地转嫁给保险公司，因为银行信用风险是其客户面临的风险转嫁而来的。

（2）信用风险的非保险转嫁

贷款信用风险的非保险转嫁主要有以下几种方式：一是保证，商业银行以保证贷款的方式发放贷款，可以将贷款方式转嫁给保证人；二是抵押与质押，即银行要求借款人以其财产或第三人的财产作为抵押物或质押物作担保发放贷款，从而使银行面临的信用风险得到控制；三是贷款出售或证券化，贷款出售就是银行在贷款二级市场上将贷款本金的回收权出售给买方，同时也将与贷款有关的信用风险转移给买方，贷款证券化同时伴随着贷款的真实出售，贷款信用风险转移给了特定机构。

4.信用风险的控制

银行加强信用风险的监督和控制，及时发现并处理问题，争取在损失发生之前阻止情况恶化，或提前采取措施减少信用风险造成的损失。信用风险损失控制包括损失预防和损失减少。一般地，降低损失频率称为损失预防，减少损失程度称为损失减少，有的措施也兼具损失预防和损失减少的作用。贷款信用风险的控制措施有：

（1）完善信贷审批制度

信贷审批是在贷前调查和分析的基础上，由获得授权的审批人在规定的限额内，结合交易对方或贷款申请人的风险评级，对其信用风险暴露进行详细的评估之后作出信贷决策的过程。在评估过程中，既要考虑客户的信用评级，又要考虑具体债项的风险。信用评估过程中不仅反映信用决策的结果，而且考验决策层的信用管理水平。

信贷审批或信贷决策应遵循以下原则：一是审贷分离原则。信贷审批应当完全独立于贷款的营销和贷款的发放。二是统一考虑原则。在进行信贷决策时，商业银行应当对可能引发信用风险的借款人的所有风险暴露和债项做统一考虑和计量，包括贷款、回购协议、再回购协议、信用证、承兑汇票、担保和衍生交易工具等。三是展期重审原则。原有贷款和其他信用风险暴露的任何展期都应作为一个新的信用决策,需要经过正常的审批程序。

（2）贷后管理

贷后管理是指从贷款发放或其他信贷业务发生之日起,到贷款本息收回或信用结束之时止信贷管理行为的总称,是信贷全过程管理的重要阶段。贷后管理的内容主要包括:贷后审核、信贷资金监控、贷后检查、担保管理、风险分类、到期管理、考核与激励及信贷档案管理等。

5.信用风险的补偿

所谓风险补偿,亦称"风险自留",就是指银行以自身的财力来承担未来可能发生的信用风险损失的一种方法,通常通过提取贷款损失准备的方式来冲销信用风险。贷款损失准备包括一般准备、专项准备和特种准备。

一般准备是根据全部贷款余额的一定比例计提的,用于弥补尚未识别的可能性损失的准备,银行应按季度计提一般准备,一般准备年末余额应不低于年末贷款余额的1%。

专项准备是指根据《贷款风险分类指导原则》对贷款进行风险分类后,按每笔贷款损失的程度计提的用于弥补专项损失的准备。银行可参照以下比例按季度计提专项准备:对于关注类贷款,计提比例为2%;对于次级类贷款,计提比例为25%;对于可疑类贷款,计提比例为50%;对于损失类贷款,计提比例为100%。其中,次级和可疑类贷款的损失准备,计提比例可以上下浮动20%。

特种准备指针对某一国家、地区、行业或某一类贷款风险计提的准备,特种风险由银行根据不同类别贷款的特殊风险情况、风险损失概率及历史经验,自行确定按季度计提比例。

二、市场风险与安全

(一)市场风险概述

市场风险是指由于金融资产价格和商品价格的波动,银行表内和表外头寸遭受损失的可能性,市场风险包括利率风险、汇率风险、股票风险和商品风险,而商业银行面临的市场风险主要是利率风险和汇率风险。

利率风险是指由于利率波动致使银行在利息收入以及资产市值方面遭受损失的可能性。银行的资产负债结构,包括存款、贷款的类型、数量和期限,对银行承受的利率风险有着决定性的作用。如果商业银行的存款和贷款在类型、数量和期限不一致,而且存款、贷款利率不同步,则银行将面临利率风险。

利率风险还包括其他一些外部因素,如中央银行的货币政策、经济周期、价格水平、股票和债券市场,以及国家经济环境等,这些因素中任何一项的变动都会导致市场利率的波动,从而给商业银行带来利率风险。我们在本书探讨的利率风险主要是针对商业银行资产业务的利率风险,商业银行在资产业务发展中,由于不注重资产业务与负债业务在期限和规模等方面的对称性,导致了如重新定价等利率风险。

汇率风险是指由于汇率的不利变动而导致银行业务发生损失的风险。汇率波动取决于外汇市场的供求状况,主要包括国际收支、通货膨胀率、利率政策、汇率政策、市场预期以及投机冲击等,以及各国国内的政治、经济等多方面因素。

相对于信用风险而言,市场风险具有数据充分且易于计量的特点,更适于采用量化技术加以控制。由于市场风险主要来自所属经济体,因此具有明显的系统性风险特征,难以通过在自身经济体内分散化投资完全消除。国际金融机构通常采取分散投资于多国金融市场的方式降低系统性风险。

(二)市场风险安全管控措施

现代商业银行通常利用金融衍生工具进行资产保值,以防范市场风险。

1.远期与商业银行市场风险安全管控

商业银行市场风险管理的远期工具主要有远期利率协议和远期外汇合约。

远期利率协议是指交易双方在签订协议时商定,在未来某一特定日期,按照规定的货币、金额、期限和利率进行交割的一种协议。远期利率协议实际上是一种利率的远期合同,用于锁定从未来某时刻开始的短期贷款或存款的利率。

银行面对的利率风险主要源于资产负债期限结构的不匹配。当未来短期利率相对长期利率上涨时,资产中长期资产比重多而负债中短期负债比重大的银行,面临损失可能。银行可以在不改变现有资产负债比例结构的情况下,购买以长期利率为合同利率、以短期利率为参考利率的远期利率协议。在约定的未来某一日支付以长期利率计算的利息,获得以短期利率计算的利息,从而将部分利息风险敞口转移出资产负债表外,分散利率风险。反之,当未来长期利率相对短期利率上涨时,资产中短期资产比重多而负债中长期负债比重大的银行,面临损失可能。银行可以购买以短期利率为合同利率、以长期利率为参考利率的远期利率协议来达到分散风险目的。

远期外汇合约是一种按照事先规定的汇率和金额在既定的未来某一时间交割的外汇买卖合约,外汇买卖所使用到的汇率即为远期汇率。远期外汇合约经常被用于管理汇率风险,进行外汇保值。近年来,随着我国商业银行"走出去"步伐加快,各商业银行的外币资产负债业务规模迅速增长,为避免相关业务汇率风险,银行可通过远期外汇合约避险,如未来有一笔外币负债到期,且预计外币汇率上涨,那么,商业银行就可以提前买入可接受价格的该外币的远期合约,到期日与负债业务到期日相同,锁定支付价格。

2.期货与商业银行市场风险安全管控

商业银行市场风险管理的期货工具主要包括利率期货和货币期货。

利率期货是指买卖双方按照事先约定的价格在期货交易所买进或卖出某种有息资产,并在未来的某一时间进行交割的一种金融期货业务。利率期货是有利息的有价证券期货,进行利率期货交易是为了固定资本的价格,即得到预先确定的利率或收益。由于利率期货将利率事先通过期货协议确定下来,避免了因利率出现始料未及的变化而影响金融资产价格或投资收益,故成为利率风险管理的一种工具。利率期货在利率风险管理方面的特殊功能使这种创新工具得到了迅速发展。

外汇期货实际上是金额、期限和到期日都标准化的远期外汇合约。期货交易的套期保值是针对现货市场的某笔交易,在期货市场上做一笔买卖方向相反、期限相同的交易,用期货市场上的盈利来抵充现货市场上的亏损。

3.期权与商业银行市场风险安全管控

期权是指合约购买者支付一定金额的期权费后,在约定的时间或期限内,有以约定的价格购买或出售约定数量的特定标的资产的权利。利率期权为银行提供了另一种控制利率风险的工具。其主要的优点是,如果期权所有人认为执行该项交易对他自已有利,可以履行,否则可放弃。商业银行通过购买期权合约对利率风险进行管理,不仅可以规避利率风险,而且也不会丧失利率有利的波动可能给商业银行带来的盈利。也就是说,期权合约的卖方的潜在收益是无限的,而亏损是有限的。所以,商业银行主要是期权合约的购买者,而较少作为期权合约的出售者。商业银行用于处理利率风险的利率期权工具主要有:看涨期权、看跌期权、利率上限以及利率下限期权。

外汇期权赋予合同购买者一定期限内按规定价格购买或出售一定数量某种货币的权利。其与远期或期货的合同的差别在于,期权合同购买方拥有执行合同的权利,而没有必须执行合同的义务,从而在防范不利的汇率波动的同时，又不丧失汇率有利波动可能产生额外利润的机会。例如，商业银行未来要收回一笔外币金融资产，预计该外币汇率将要下降，那么，商业银行就可以买入该外币看跌期权，到期时，若该外币汇率下降，商业银行可以选择行权，若汇率上升，商业银行可以不行权。购买货币期权进行套期保值的成本要高一些。期权合同也是标准化的，其缺陷在于，金额和期限很难与现货交易完全一致。

4.互换与商业银行市场风险安全管控

利率互换又称息票互换，是由交易的甲乙双方，按照商定的条件以同一货币、同一金额的本金作为计算的基础，甲方以固定利率换取乙方的浮动利率，乙方以浮动利率换取甲方的固定利率，借以改善双方的资产负债结构，降低资金成本和利率风险的目的。利率互换尤其对银行有着积极的意义，它能够降低固定利率或浮动利率的筹资成本，保持流动性。由于互换大多是场外交易工具，使得银行可以相当灵活地使用这些工具，满足其特定的需要。

货币互换是对长期的外币融通最常用的避险方法。在货币互换的安排下，双方交换支付实际债务本金与利息的责任。交易双方首先按固定汇率在期初交换两种不同货币的本金，然后按约定的日期和预定的利率进行一系列的利息互换，到期日按事先决定的汇率将本金再换回来。借款者在不同货币的资金市场上的筹资能力往往不同，可以通过借入一定利率较低的货币，通过货币互换，换成所需要资金的货币，来降低所需货币的借款成本，并避免汇率变化的风险。

三、操作风险与安全

操作风险是指由不完善或有问题的内部程序、人员、信息科技系统以及外部事件所造成损失的风险。

(一)资产业务操作风险的识别

1.法人信贷业务操作风险识别

法人信贷业务是银行经营的以公司机构客户为服务对象的信贷业务，包括法人贷款业务、贴现业务、银行承兑汇票业务等。

(1)内部欺诈风险

如盗用客户名义诈骗银行贷款、受贿发放不合规贷款、利用假票据诈骗银行贷款资金、越权违规发放贷款、不尽职调查等。

（2）外部欺诈风险

如编造虚假项目向银行骗贷、利用虚假合同向银行骗贷、使用官方假证明向银行骗贷、连环担保骗贷、伪造银行承兑汇票贴现等。

（3）经营行为风险

如客户调查失败、合同破裂、业务主体不合规、不恰当的市场行为等。

（4）执行交割和流程管理风险

如逆程序发放贷款、合同要素填写不规范、信贷担保制度执行有漏洞、未履行强制性报告义务、丧失诉讼时效、对担保和担保人监管不到位等。

（5）经营中断和系统错误风险

如贷款录入上账错误、利息计算错误、因硬件瘫痪和计算机病毒给银行带来的损失。

2.个人信贷业务操作风险识别

个人信贷业务包括个人住房按揭贷款、个人大额耐用消费品贷款、个人医疗贷款、家庭贷款、助学贷款等多个业务品种。

（1）内部欺诈风险

如利用职务之便虚假贷款、受贿发放不合规贷款、越权限发放贷款、不尽职调查等。

（2）外部欺诈风险

如个人住房贷款假按揭、汽车消费贷款诈骗、出具虚假收入证明、大额耐用消费品贷款欺诈等。

（3）经营行为风险

如产品设计有缺陷，存在定义不清或无法操作的规定，对客户调查失败，强势销售和霸王条款，违反贷款合同等。

（4）执行交割和流程管理风险

如合同要素填写不规范、信贷担保制度执行有漏洞、贷款档案缺失、缺少法律文件、权利凭证执行错误等。

（5）经营中断和系统错误风险

如贷款录入上账错误、利息计算错误、因硬件瘫痪和计算机病毒给银行带来的损失。

（二）资产业务操作风险安全管控措施

1.法人贷款业务操作风险安全管控措施

牢固树立审慎稳健的信贷经营理念，坚决杜绝各类短期行为和粗放管理；

倡导新型的企业信贷文化,在业务办理过程中,强化法律的精神和硬性约束,实现以人为核心向以制度为核心转变,建立有效的信贷决策机制;改革信贷经营管理模式,如设立独立的授信风险管理部门,对不同币种、不同客户对象、不同种类的授信进行统一管理;建立跨区域的授信垂直管理独立评审体系,对授信集中管理;将信贷规章制度建立、执行、监测和监督权力分离;信贷岗位设置分工合理、职责明确,做到审贷分离、业务经办与会计账务分离等;明确主责任人制度,对银行信贷所涉及的调查、审查、审批、签约、贷后管理等环节,明确主责任人及其责任,强化信贷从业人员风险责任和风险意识;加快信贷电子化建设,运用现代信息技术,把信贷日常业务处理、决策管理流程、贷款风险分类预警、信贷监督检查等行为全部纳入计算机处理,形成覆盖信贷业务全过程的科学体系;提高信贷从业人员综合素质,打造一支具有现代风险经营理念、良好职业道德、扎实信贷业务知识、过硬风险识别能力的高素质业务队伍;把握关键环节,有针对性地对重要环节和步骤加强管理,切实防范信贷业务操作风险;提高法律介入程度,将法律支持深入到信贷业务各环节,形成法律支持的全程制度化流程管理。

2.个人信贷业务操作风险安全管控措施

牢固树立个人贷款业务科学发展观,在控制风险的前提下,积极、稳妥地加快个人信贷业务的有效发展;实行个人信贷业务集约化管理,提升管理层次,实现审贷分离,可成立个人信贷业务中心,由中心进行统一调查和审批,实现专业化经营和管理;优化产品结构,改进操作流程,重点发展以质押和抵押为担保方式的个人贷款,审慎地发展个人信用贷款和自然人保证担保贷款;加强规范化管理,理顺个人贷款前台和后台部门之间的关系,完善业务转授权制度,加强法律审查,实行档案集中管理,加快个人信贷电子化建设;切实做好个人信贷贷前调查、贷时审查、贷后检查各个环节的规范操作,防范信贷业务操作风险;强化个人贷款发放责任约束机制,细化个人贷款责任追究办法,推行不良贷款定期问责制度、到期提示制度、逾期警示制度和不良贷款责任追究制度,建立责任制的同时配之以奖励制度,将客户经理的贷款发放质量与其收入挂钩进行奖励[1]。

---

①戴小平.商业银行学 卓越21世纪金融学教材新系[M].3版.上海:复旦大学出版社,2018.

第四节 银行其他业务风险与安全

一、中间业务风险与安全

(一)中间业务的种类

中间业务也称表外业务,是指商业银行从事的不列入资产负债表,但能影响银行当期损益的经营活动,商业银行的中间业务包括本、外币结算、银行卡、信用证、担保类业务、贷款承诺、交易类业务、代理业务、咨询顾问业务等。就银行业安全管理而言,本节重点分析的中间业务主要是指担保类业务、承诺类业务以及交易类业务,以上均为商业银行有风险的中间业务。

1.担保类业务

担保类中间业务是指商业银行为客户债务清偿能力提供担保,承担客户违约风险的业务,主要包括银行承兑汇票、备用信用证以及各类保函。

2.承诺类业务

承诺类业务是指商业银行在未来某一日,按照事先约定的条件向客户提供约定信用的业务,主要指贷款承诺,包括可撤销承诺和不可撤销承诺。贷款承诺是典型的含有期权的表外业务。在客户需要资金融通时,如果市场利率高于贷款承诺中规定的利率,客户就会要求银行履行贷款承诺;如果市场利率低于贷款承诺中规定的利率,客户就会放弃使用贷款承诺,而直接以市场利率借入所需资金。因此,客户拥有一个选择权。对银行来说,贷款承诺在贷款被正式提出之前属于表外业务,一旦履行了贷款承诺,这笔业务即转化为表内业务。

3.交易类业务

交易类业务是指商业银行为满足客户保值或自身风险管理等方面的需要,利用各种金融工具进行的资金交易活动,主要包括远期合约、金融期货、互换业务以及期权。

(二)中间业务的风险特征

随着我国中间业务品种的不断增加和业务发展的深入,中间业务在给商业银行带来可观收益的同时也带来了风险。相对于银行业传统的资产负债业务,中间业务的风险呈现出以下特征。

1.风险的隐蔽性强

中间业务也称为表外业务,因此,商业银行许多中间业务不能在银行的资产负债表中得到真实完整的反映,其业务规模和质量的信息很难在商业银行的财务报表中获得。对商业银行的监管者和社会公众来说,很难及时、准确地获取全面真实的信息,难以对其经营成果做出客观评价。因此,商业银行中间业务的资产运作透明度较低,信息公开化程度不高,风险的隐蔽性强。

2.风险的种类多

中间业务是多元化经营业务,商业银行的信贷、零售、资金、国际业务、电子银行等部门均不同程度地与中间业务相关。同时,中间业务本身品种繁多,既有传统的支付类、代理类等业务,又有新兴的如远期外汇合约、金融期货、互换和期权等金融衍生业务,商业银行中间业务各个产品之间的差异大,业务风险点较多,其风险的防范难度也日益增大。

3.风险的评估和控制难度高

随着创新性金融产品的不断发展,在拓宽中间业务范围的同时,对这类业务的风险评估和控制难度也在不断增大。这些创新性金融工具,单笔业务量相对较小但种类繁多,商业银行依据传统的风险识别、评价方法和经验难以做出合理的风险评价。加上中间业务种类繁多,每个业务种类的风险评价方法不同,给中间业务的风险评估工作带来相当大的难度。

4.风险的滞后性强

由于商业银行大部分中间业务不在资产负债表中反映,所以其相应的风险在短时间内不容易暴露。同时,多数中间业务在一定条件下可能转化为银行的实际资产或负债。如信用性理财业务通常以或有资产、或有负债形式存在,当债务人由于各种原因不能偿付给债权人的时候,银行就可能因为连带关系而成为真正的债务人,承担付款责任。因此,商业银行中间业务的风险不确定性、滞后性强,一旦或有风险在业务开展的一定时期后转化为现实风险,将会给银行造成巨大的损失。

(三)商业银行中间业务风险类型

我国商业银行中间业务风险主要表现为以下五种类型:

一是信用风险,是指客户由于主观或客观原因,而未能按时履行合约而使银行蒙受损失的风险。这是我国商业银行中间业务最主要的风险之一,由市场的不确定因素造成,属于非系统性风险范畴,主要集中于银行卡类和担保类中间业务。

二是市场风险,这是中间业务因市场定位不准,或者是没有对中间业务进行系统有效分析而盲目开展造成的损失的可能性。这类风险是最不稳定的因素,一般将利率风险和汇率风险划归此类风险。该类风险主要体现在交易类中间业务中,包括投资银行业务和衍生金融业务,如远期外汇合约、货币互换、期权、期货等。

三是流动性风险,指银行不能以最低的成本和最快的速度迅速融资来弥补损失而形成的风险。中间业务的流动性风险主要表现在两个方面:第一,业务所涉及的金融工具的流动性不足;第二中间业务规模过大时造成的流动性风险。流动性风险主要集中在担保承诺类中间业务。

四是操作风险,指由于银行工作人员的疏忽造成操作失误,或因银行内部控制系统等出现失误造成损失的风险。它多属于银行自身问题,或不可抗力因素所致。操作风险存在于所有的中间业务中。

五是法律风险,指由于银行在办理中间业务时,未能对相关法律充分了解,或是因为法律本身的漏洞而致使银行蒙受损失的可能性。

(四)商业银行中间业务安全控制措施

1.建立健全内控制度

在中间业务开展过程中严格执行内控制度,严格遵循业务开展的审批与报备要求,认真签订业务协议,规范收费及核算处理,健全业务操作规程,强化风险控制和管理,确保每项中间业务的开展都符合相关规定,都满足具体的内部审计要求。

2.各类风险分类管控

由于商业银行很多中间业务的具体开展不涉及银行资产,因此,风险主要集中在人员的操作方面,银行对这类业务风险的控制,主要通过提高员工业务能力、强化业务操作过程监督等方式来实现。对于涉及银行资产安全的一些中间业务,商业银行往往将其等同于表内业务来管理,严格业务审批流程,严防信用风险。

3.建立现代监管体系

商业银行中间业务种类繁多,且随着金融市场的发展,创新产品层出不穷,所以商业银行中间业务的安全控制很大程度上依托我国监管机构的现代监管体系。我国银行监管机构针对中间业务的监管,一方面体现为动态监管,即监管机构紧跟金融市场发展,动态调整监管策略;另一方面体现为联合监管,很多中间业务不仅仅涉及银行,还会有证券、保险等其他金融机构的参与,各监管机构的联合监管保证了银行中间业务的安全控制。

二、影子银行风险与安全

(一)影子银行的定义和基本特点

影子银行是指游离于银行监管体系之外,可能引发系统性风险和监管套利等问题的信用中介体系(包括各类相关机构和业务活动)。影子银行体系的内在四大特征为期限转换、流动性转换、杠杆操作以及信用风险转换。影子银行包括投资银行、对冲基金、货币市场基金、债券保险公司、结构性投资工具(SIV)等非银行金融机构。这些机构通常从事放款,也接受抵押,是通过杠杆操作持有大量证券、债券和复杂金融工具的金融机构。

1.传统影子银行

中国的影子银行体系可以概括为,正规银行体系之外,由具有流动性和信用转换功能,存在引发系统性风险或监管套利可能的机构和业务构成的信用中介体系。在中国开展融资活动的非金融机构以及金融机构的某些业务具有影子银行的特征。其中既包括一些开展融资活动的非金融机构如小额贷款公司、典当行、融资性担保公司、私募股权基金、农村(民)资金互助组织及各种民间借贷组织等机构,又包括一些类银行的业务活动,如银行表外"理财产品"采用混合资金池(滚动推出不同期限的多种"理财产品",把募集的资金集中进行投资的方式)运作实现期限转换,一些信托产品以"滚动发行"的方式(通过发行新产品募集资金偿还即将期满产品)将短期资金投向中长期项目,以及货币市场基金通过购买金融债券和投资银行存款,为企业提供债务资金支持等。

2.新型影子银行

随着近年来互联网金融的爆发式增长,以网络技术为基础的一些新型的金融业态不断涌现,传统意义上的影子银行的外延逐步扩大,产生了一些新型的影子银行机构和业务。影子银行主要分为三种类型:一是不持有金融牌照,完全无监管的信用中介结构,包括新型网络金融公司,第三方理财机构等。二是不持有金融牌照、存在监管不足的信用中介机构,包括融资性担保公司、小额贷款公司等。三是机构持有金融牌照,但存在监管不足或规避监管的业务,包括货币市场基金、资产证券化、部分理财业务等,其中涉及新型网络金融公司、第三方理财机构、电商小额贷款公司、互联网货币基金等,均属于新兴的互联网金融机构。借助互联网金融的优势,其直接或间接业务领域逐步涉足商业银行表外理财、证券公司集合理财、基金公司专户理财、证券投资基金、小额贷款公司、投连险中的投资账户、私募股权基金、产业投资基金、创业投资基金、非银行系融资租赁公司、专业保理公司、金融控股公司、票据公司、担保公司、具有储值和预付机制的第三方支付公司、有组织的民间借贷等融资性机构等各个方面,给我国金融体系带来了深远的影响。

3.影子银行的基本特点

影子银行的基本特点可以归纳为以下几点:其一,交易模式采用批发形式,有别于商业银行的零售模式。其二,进行不透明的场外交易。影子银行的产品结构设计非常复杂,而且鲜有公开的、可以披露的信息。这些金融衍生品交易大多在柜台交易市场进行,信息披露制度很不完善。其三,杠杆率非常高。由于没有商业银行那样丰厚的资本金,影子银行大量利用财务杠杆举债经营。其四,影子银行的主体是金融中介机构,载体是金融创新工具,这些中介机构和工具充当了信用中介功能。其五,由于影子的负债不是存款,主要是采取金融资产证券化的方式,最初目的是要分散风险,因此,不受针对存款货币机构的严格监管,存在管制套利的行为。

(二)影子银行的风险

1.错配风险

错配风险又分为期限错配风险、信用错配风险、流动错配风险和收益错配风险。所有的错配风险本质是因为投资者将资金投入了影子银行成了资金池,影子银行再将资金池投资其他行业、项目或者资产形成了资产池。而在资金池与资产池之间存在期限、信用、流动和收益的错配。

(1)期限错配风险

理财产品所面临的最大风险,在于错配期限结构容易导致流动性风险的发生,而这正是理财产品面临的最大风险所在。

(2)信用错配风险

理财产品可投资于各种信用等级不同的资产,从最初单一的银行间债券市场到企业债、资产证券化产品、证券投资基金、信托收益权转让再到投资境外的合格境内机构投资者(QDII)产品与股票以及利率、汇率等挂钩的结构性产品,甚至还有艺术品、石油、贵金属等具备投资价值的实物商品。理财产品的投资标的的多元化导致其存在潜在的违约风险,从而导致了理财产品的信用错配风险。

(3)流动错配风险

投资对象的信用违约和融资对象新募资金的规模作为两种不确定因素提

高了银行理财产品发生流动性风险的可能性。以前,商业银行通常会将一定比例的信贷资产配置于资产池中,以最大限度地提高资产池的收益率,这些信贷资产大部分与地方政府的融资平台和房地产密切相关,一旦违约,将使理财产品的整个资产池内的资金链条受到不同程度的影响,从而引发兑付风险。2018年4月27日,中国人民银行、中国银行保险监督管理委员会、中国证券监督管理委员会、国家外汇管理局联合发布了《关于规范金融机构资产管理业务的指导意见》(银发[2018]106号),明确指出"金融机构不得将资产管理产品资金直接投资于商业银行信贷资产",有效防范了影子银行的流动错配风险。

(4)收益错配风险

与存款基准利率相比,商业银行理财产品的收益率普遍较高,而银行理财产品的投资收益率一旦低于其负债成本,就将产生收益错配风险,从而导致理财产品最终难以实现本息的兑付。

2.信托风险

除了证券投资、银行理财产品外,信托业务也是影子银行业务,而信托资金主要流向基础产业、工商企业、房地产、证券市场、金融机构。这些领域均存在信托违约风险。如工商企业的违约风险,当企业的负债率过高,企业有可能出现资不抵债或破产清算的情形,而一旦出现这些情况,将导致信托资金出现无法收回的风险。再者,钢铁、水泥、电解铝、多晶硅等工业行业出现了产能过剩的情况,这些行业的企业盈利能力相对于其他行业较低,也加剧了违约风险的存在。除此之外,房地产信托贷款通常利率水平较高,随着经济高速增长和资产价格的上涨,房地产的潜在风险不容易暴露,但房地产信托产品中存在信息披露不充分是事实,如果出现经济波动或资产价格大幅下跌,潜在的风险则会暴露[1]。

---

① 陈东焰.影子银行风险与监管[M].北京:中国社会科学出版社,2019.

第七章 保险业安全

第一节 保险业风险与安全概述

一、保险公司的主要业务

保险业是指将通过契约形式集中起来的资金,用于补偿被保险人的经济利益业务的行业。保险公司是销售保险合约、提供风险保障的公司,是采用公司组织形式的保险人。我国保险公司的业务经营主要有展业、投保、核保与承保、理赔以及保险客户服务等环节。

(一)保险展业

1.保险展业的含义

保险展业也称推销保险单,它是保险展业人员引导具有保险潜在需要的人参加保险的行为,也是为投保人提供投保服务的行为,它是保险经营的起点。保险展业由保险宣传和销售保险单两种行为构成。通过保险宣传使对保险不甚了解的消费者加深对保险的理解,树立风险保障的观念,进而产生购买保险的动机;销售保险单是将潜在的投保需求转化为现实的购买行为,也就是投保行动的实现形式。

2.保险展业的具体内容

(1)保险展业的准备工作

开展保险业务前,应事先对保险市场环境、潜在顾客状况、保险公司自身优势和劣势以及保险商品的特点进行全面的分析,制定出展业规划和策略。做到知己知彼,才能取得预期的展业效果。其具体的准备工作有:一是调查背景情况,制定展业规划;二是了解潜在顾客的情况;三是确定展业宣传对象;四是做好展业前的各项准备。

(2)开展展业宣传

做好各项展业准备工作之后,展业人员要制定合适的展业计划和策略,进行展业宣传。保险展业宣传对于保险业务的顺利开展和增强国民的保险意识具有十分重要的作用。只有更多的人了解和认识保险,才能吸引更多的个人、家庭和企业投保。保险要为社会所认识和接受,就必须依靠宣传,展业宣传要结合当地特点和保险案例并充分利用报纸、广播、电视、网络等各种媒体,开展多样化的宣传活动。同时,展业活动要把握有利时机,争取有关部门的支持与配合。

(3)制定保险方案

通过多样化的展业宣传活动后,保险公司和代理人应从加大产品内涵、提高保险公司服务水平的角度出发,为有意投保的组织或个人提供科学、完善的保险方案。由于不同的投保人所面临的风险特征、风险概率、风险程度不同,因而对保险的需求也各不相同,这就要求展业人员从投保人的实际情况及风险评估的结果出发向投保人介绍相关险种、条款,以及其所能提供的增值服务,耐心、细致地帮助投保人合理设计投保方案。投保方案中主要应包括投保人的情况介绍、保险标的的风险评估、保险方案的总体建议、适用的保险条款及条款解释、保险金额或赔款限额、赔偿处理的程序及要求和保险人的服务承诺等内容。

(二)保险投保

投保亦称购买保险,是指对保险标的具有保险利益的自然人或法人,向保险人申请订立保险合同的行为。投保人通过保险业务人员或保险中介购买保险后,就与提供这种保险的保险公司建立了一种较为长期的关系。

1.保险公司有义务为投保人提供投保指导服务

首先,在保险活动中,投保人需要保障的基本权利有:得到准确保险信息的权利;保证安全的权利;可自由选择保险险种的权利;有申诉、控告所遭受不良待遇的权利;要求开发和改进险种的权利;获得良好售后服务的权利。

其次,投保人在投保时有要求良好服务的权利,要求保险人应该做到:帮助投保人分析自己所面临的风险;帮助投保人确定自己的保险需求;帮助投保人估算可用来投保的资金;帮助投保人制定具体的保险计划。

2.投保人有充分享受自由选择投保的权利

(1)选择保险中介人

(2)选择保险公司

一是注意保险公司的类型;

二是注意保险公司提供的险种与价格;

三是考虑保险公司的偿付能力和经营状况,考察保险公司偿付能力的方法有两种：①查看保险监管部门或评级机构对保险公司的评定结果；②对保险公司的年终报表进行直接分析。

四是要考虑保险公司提供的服务，投保人选择保险公司时，要从两个方面注意其获得的服务：①从其代理人那里获得的服务；②从该公司本部那里获得的服务。

(三)保险核保与承保

1.保险核保

(1)核保的含义

保险核保是指保险人对投保申请进行审核，决定是否接受承保这一风险，并在接受承保风险的情况下，确定保险费率的过程。在核保过程中，核保人员会按标的物的不同风险类别给予不同的费率，保证业务质量，保证保险经营的稳定性。核保是承保业务中的核心业务，而承保部分又是保险公司控制风险、提高保险资产质量最为关键的一个步骤。

(2)核保的主要内容

保险核保是十分重要的环节，保险公司除了要大量承揽业务以外，还要保证业务的质量，否则就会出现风险，使保险公司赔付率上升，影响公司的正常经营，严重的还会影响公司的偿付能力，甚至带来社会危害。因此，保险公司都十分重视对核保的管理。保险核保的主要内容包括审核投保人的资格、审核保险标的、审核保险费率。

2.保险承保

(1)保险承保的含义

保险承保是保险人对愿意购买保险的单位或个人所提出的投保申请进行审核，做出是否同意接受和如何接受的决定过程。保险业务的要约、承诺、审核、订费等订立保险合同的全过程，都属于承保业务环节。进入承保环节，就进入了保险合同双方就保险条款进行实质性谈判的阶段。

(2)保险承保的具体程序

一是接受投保单。投保单是保险经营过程中的一份重要单证，是投保人要约的证明，是保险人承诺的对象，是确定保险合同内容的依据。在保险经营业务中普遍存在三种问题容易导致保险合同的纠纷：一是没有投保单，尤其是在续保业务中；二是保险公司业务人员代投保人填写投保单；三是投保单填写的内容不完整。

二是核保。核保人员根据投保规则和总公司的核保规定进行风险选择，得出核保结论,提出处理意见。审核的内容包括保险标的及其存放地址、运输工具行驶区域、保险期限等。不能承保的,将保险费和投保资料退还给业务员,由业务员将保险费退还投保人并负责解释工作;可以正常承保或附带条件承保的,例如有的需要补充提供材料或体检的,要做好相关业务处理工作,然后将投保材料和处理意见交给专门负责缮制保单的内勤人员。

三是作出承保决策。如果投保金额或标的风险没有超出保险人承保权限,则保险人接受业务。超出保险人承保权限,那么保险人无权决定是否承保,只能请求上一级主管部门提出意见。

四是缮制单证。缮制单证是指保险人接受业务后填制保险单或保险凭证的过程。保险单或保险凭证是载明保险合同双方当事人的权利与义务的书面凭证,是被保险人向保险人索赔以及保险人处理赔案的主要依据。缮制单证是承保工作的重要环节,缮制的单证质量好坏与否,直接关系到保险合同当事人双方的义务和权利能否正常履行与实现。

五是复核签章,手续齐备。为保证保险双方当事人的合法权益和保险合同的法律效力,承保活动中的每种单证上都要求复核签章。例如投保单上必须有投保人的签章;验险报告中必须有具体承办业务员的签章;保险单上必须有投保人、保险公司及其负责人的签章;保险费收据上必须有财务部门及其负责人的签章;批单上必须有制单人与复核人的签章等。

六是递送保单,收取保费。业务内勤将保单、批单正本、明细表、保险证,以及保费收据、填写发送单证和收付款项流转签收簿交外勤人员签收并送交保户,并收取保险费。

七是归档、装订和保管。各种保险单证和附属材料,均是重要的档案,必须按规定编号、登记、装订牢固,实行专柜专人管理,并符合防火、防盗、防潮和防蛀的要求。

(四)保险理赔

1.保险理赔的含义

保险理赔,是指在保险标的发生保险事故而使被保险人财产受到损失或人身生命受到损害时,或保单约定的其他保险事故出现而需要给付保险金时,保险公司根据合同规定,履行赔偿或给付责任的行为,是直接体现保险职能和履行保险责任的工作。简单地说,保险理赔是保险人在保险标的发生风险事故后,对被保险人提出的索赔请求进行处理的行为。在保险经营中,保险理赔是保险补偿职能的具体体现。保险理赔是保险经营的重要内容和最后环节,也是广大保险客户最为关心的问题。

2.保险理赔的程序

保险理赔是保险经营最重要的环节,这一环节工作的好坏直接关系到保险经济补偿作用的发挥,关系到保险公司自身的经济效益、发展潜力及客户的切身利益,从而关系到保险公司的公众形象和社会信誉。

(1)出险通知

保险标的发生保险事故后,被保险人要立即通过口头或邮电方式通知保险公司,一般要求在24小时内报案。理赔人员在接到出险通知后,应及时填写"出险登记簿"。

(2)损失检验

保险公司接到损失通知后,应立即派员勘查现场,对受损标的进行检验,以便准确取得损失的原因、受损情况和受损程度等材料,从而判断是否属于保险责任。

(3)审核各项单证

除保险单的有关单证需首先审查以外,对其他有关单证也必须予以审核。

一是保险单的有效性。主要审核保险事故是否发生在保单有效期内;事故发生的地点是否在承保范围内;投保人或被保险人是否认真履行了有关告知、保证、缴费、危险通知等义务。如果保单是无效的,就不需受理该案件。

二是审核各种索赔单证的有效性。重点是审核每一相关单证的真实性和有效性。如人身保险中理赔人员要审核缴费凭证、被保险人或受益人的身份证、死亡案件中的死亡证明等单证是否真实有效。又如海上保险业务中除了审核保险单外,还要审核损失证明是否合法,货物的发票、提单与保单是否一致。

(4)核实损失原因

主要审核事故造成的损失是否由保险风险引起,损毁的是否为保险标的,其损失是否在承保责任范围之内并构成索赔条件等。在损失检验和审核各项单证的基础上,对审核中发现的问题,根据案情可考虑进一步核实原因,包括赴现场实地调查和电话沟通了解,或向专家、检验部门复证。

(5)核定损失和计算赔款

核定损失是指在现场查勘的基础上,根据被保险人提供的损失清单和施救费用清单,对照有关的账册、报表、单据等,逐项核实受损标的的品种、数量、价值、损失程度和损失金额等,还要查清修理费用和施救费用是否合理,为计算赔款提供真实依据。

关于保险赔偿金额的计算,因保险合同种类的不同有所区别。通常人身保险合同多采取定额给付的方式,即保险事故发生时,保险人按照双方事先约定的金额给付。财产保险的保险赔款要根据损失情况,分别按照保险标的损失、施救费用、残值、免赔额等项目来进行计算。

(6)赔偿或给付保险金

保险公司就赔偿金额与被保险人或受益人达成协议后,应及时支付赔款或给付保险金。若被保险人对赔款金额有异议,应协商处理,不能达成一致的,可以通过仲裁机构或法院进行仲裁或诉讼解决。

(7)损余处理和代位求偿

保险公司在支付赔款后,清理有关赔案的文件和单证,归档处理,以便日后查阅。在结案时,保险理赔人员还要注意追偿。如果涉及第三者责任,被保险人在取得赔偿后应填写权益转让书,把对第三者责任方追偿的权利转移给保险公司,并主动协助其代位追偿权的实现。

(五)保险客户服务

1.保险客户服务的含义

保险客户是指保险公司产品的消费者,包括保单持有人、被保险人和受益人等。保险客户服务是指保险人通过畅通有效的服务渠道,为客户提供产品信息、品质保证、合同义务履行、客户保全、纠纷处理等项目的服务以及基于客户的特殊需求和对客户的特别关注而提供的附加服务内容。保险客户服务不仅包括对现有客户的服务,也包括对潜在客户的服务。

2.保险客户服务的主要内容

保险客户服务是保险公司经营活动最重要的内容之一。保险公司提供优质客户服务的能力对建立和保持积极、持久和紧密有力的保险客户关系是十分重要的。保险客户服务以实现客户满意最大化、维系并培养忠实的保险客户、实现客户价值与保险公司价值的共同增长为目标。保险客户服务的主要内容有:

(1)提供咨询服务

顾客在购买保险之前需要了解有关的保险信息,如保险行业的情况、保险市场的情况、保险公司的情况、现有保险产品、保单条款内容等。保险人可以通过各种渠道将有关的保险信息传递给消费者,而且要求信息的传递准确、到位。在咨询服务中,保险销售人员充当着非常重要的角色,当顾客有购买保险的愿望时,一定要提醒顾客阅读保险条款,同时要对保险合同的条款、术语等向顾客进行明确的说明。尤其对责任免除、投保人、被保险人义务条款的含义、适用的情况及将会产生的法律后果,要进行明确的解释与说明。

(2)风险规划与管理服务

首先,帮助顾客识别风险,包括家庭风险的识别和企业风险的识别。其次,在风险识别的基础上,帮助顾客选择风险防范措施。对于保险标的金额较大或承保风险较为特殊的大中型标的,应向投保人提供保险建议书。保险建议书要为顾客提供风险评估服务,并从顾客利益出发,设计专业化的风险防范与化解方案,方案要充分考虑市场因素和投保人可以接受的限度。

(3)接报案、查勘与定损服务

保险公司坚持"主动、迅速、准确、合理"的原则,严格按照岗位职责和业务操作实务流程的规定,做好接客户报案、派员查勘、定损等各项工作,全力协助客户尽快恢复正常的生产经营和生活秩序。在定损过程中,要坚持协商的原则,与客户进行充分的协商,尽量取得共识,达成一致意见。

(4)核赔服务

核赔人员要全力支持查勘定损人员的工作,在规定的时间内完成核赔。核赔人员要对核赔结果是否符合保险条款,及国家法律法规的规定负责。核赔部门在与查勘定损部门意见有分歧时,应共同协商解决,赔款额度确定后要及时通知客户;如发生争议,应告知客户解决争议的方法和途径。对拒赔的案件,经批复后要向客户合理解释拒赔的原因,并发出正式的书面通知,同时要告知客户维护自身权益的方法和途径。

(5)客户投诉处理服务

保险公司各级机构应高度重视客户的抱怨、投诉。通过对客户投诉的处理,发现合同条款和配套服务上的不足,提出改进服务的方案和具体措施,并切实加以贯彻执行。

二、保险公司面临的风险

(一)资产风险

资产风险是指保险公司在经营过程中,债权变成坏账、投资收益下降或资产的市价下跌而产生损失的风险。

债权变成坏账是指保险业资金运用中的投资业务,因借款人没有按时缴付本息所致。一般保险公司的贷款有不动产抵押、有价证券质押及寿险保单质押贷款。当坏账情况发生时,保险人就需将担保品加以拍卖处理,以保全其债权,但仍不能完全保证其不受损失。

投资收益的下降将明显地影响着公司的经营业绩。投资业绩的好坏通过用投资收益率来表示,收益率越低,表明公司运用投资资产的效率越差。由于我国的金融市场不完善,可以提供的投资渠道和投资产品有限,并且我国证券市场的系统风险较大,因此不利于寿险公司的长期投资和投资风险的分散化,投资风险较大;保险业高速发展时期推行的大量趸缴的投资型产品,不容易产生稳定的现金流,并往往会掩盖保险业的潜在风险,最终可能导致现金流出现风险而影响保险公司的偿付能力,公司的偿付能力越低,公司所面临破产的风险就越高。

资产贬值导致资本不足的风险实际是相关市场的风险,也与宏观环境有关。保险公司的资产包括股票、债券、银行存款、直接投资等。各种市场价格的波动,相关企业经营效果的好坏都会影响资产的实际价值。这种风险会使保险公司的资产实际价值减小,从而资本和盈余减少,造成偿付能力不足。

(二)负债风险

负债类风险主要表现为定价风险、巨灾风险和准备金风险等。

定价风险亦即保险费率风险,是指因被保险人索赔频率和数额的不确定性、保险公司投资收入的不确定性以及保险公司运营成本的不确定性导致保险公司保费收入不足,危及财务稳定和偿付能力的风险。影响保险费厘定的因素包括保单成本、保险公司的利润要求、政府保险监管部门对保险费率的管制政策、保险市场竞争等。在实践中,由于风险事故发生的不确定性、纯费率计算的基本假设本身的局限性、统计资料处理过程中出现的偏差,以及随着时间的推移、新的风险因素增加等,都将导致损失分布的波动,再加上某些特殊的巨灾风险在费率厘定时无法充分体现出来,所有这些因素都将影响到保险理论费率厘定的准确性。

巨灾风险是指因重大自然灾害,疾病传播,恐怖主义袭击或人为事故而造成巨大损失的风险。近年来由于世界环境不断恶化,自然灾害更加频繁,同时社会财富的价值更高、集中度也更高,因此每次巨灾所造成的损失对整个保险业来说都是沉重打击。我国保险公司对巨灾风险的承保责任不大,但随着国内对巨灾保险需求的日渐增强,保险公司承保巨灾风险只是时间问题。目前我国对巨灾风险转移机制并不十分完善,一旦发生巨灾会让我国保险业遭受重创,因此它应该是非寿险公司重视的一种系统性风险。

在保险业开始时期或激烈竞争时期,很容易出现保险定价不足和责任准备金提取不足的情况,这会导致保费收入难以覆盖风险,长期累积下来必定会影响保险公司的偿付能力和经营的稳定性。保险公司负债的主要项目是各种责任准备金,责任准备金具体指保险公司为了承担因承诺保险业务而引起的将来的负债或已有的负债而提取的基金。包括未决赔款准备金、寿险责任准备金、长期健康责任准备金。各种保险责任准备金是保险公司的主要负债,在资产负债表内披露。保险公司因责任准备金制度不健全、提存方法不合理或者没有准确提取和提足各项准备金而影响保险公司偿付能力和经营稳定的风险就是准备金风险。财险公司和寿险公司因其经营的风险特性不同,对准备金的提取要求也有所差异,相应地,准备金风险发生的领域也就不同,而未到期责任准备金则是寿险公司资产负债表中最大负债,寿险公司的准备金风险主要体现为未到期责任准备金的提取不足。鉴于产险公司和寿险公司准备金风险差异,对准备金风险管理的侧重点也就有所不同。保险准备金风险既源自保险公司精算技术的缺乏、偿付能力管理的能力有待提高、对长尾责任风险的管理不力和保险实务中理赔程序的变化等内部因素,也根源于保险监管部门对保险公司责任准备金的监管不力、通货膨胀等外部原因。

(三)资产负债匹配风险

资产负债匹配风险源于目前须给保单所有人的现金给付可能超过当前来自保费或投资的现金收入。造成的结果是保险公司必须低价变卖资产或举债以应付现金短缺,这种情况即使在账面上的投资足以应付负债时也会发生。资产负债匹配风险大致可以分为总量的不匹配风险和结构的不匹配风险。

总量的不匹配风险是指资产与负债在总量方面应当保持大致的平衡,资产小于负债就会出现我们常说的"资不抵债"即亏损的情况;资产大于负债过多,杠杆效应不能很好地发挥,公司的盈利能力下降,不能够更好地发展。

结构的不匹配风险是指由于保险公司经营的特殊性,保险人面对的是具有不确定性的风险。因此,保险公司的资产应当保持一定的流动性,以保证对被保险人的支付。特别是财产险公司,承保的大部分是短期性业务,负债的期限大多在一年左右,而投资一般以长期投资居多。因此,如何合理地估计到期负债及合理分配投资比例将成为产险公司面临的重要问题。

资产负债匹配风险主要体现在价值波动风险和流动性风险上。价值波动风险是指由于市场利率及通货膨胀的变化对保险公司的资产和负债两者的影响程度不同而导致保险公司负债价值超过资产价值的风险。流动性风险是指保险公司在需要资金周转时所面临的资产无法及时变现的风险,这种风险可由新业务大量减少和保单大量退保,或短时间内的大量索赔而引起。我国的利率市场化正处于探索阶段,汇率变化也越来越和国际接轨,随着更多投资连结类产品投入市场,我国保险业也将面临更多这方面的市场风险,保险产品特别是寿险产品的长期性特征使得这些潜在的变化对保险公司的资产负债匹配构成很大威胁。

(四)经营管理风险

保险公司经营风险包括承保风险、理赔核赔风险、投保人的道德风险等。

承保是保险经营环节中的重要一环,承保质量的高低直接影响保险公司的经营稳定性。为了追求规模以期迅速发展壮大,提高市场竞争地位,一些保险公司盲目降低费率,对承保标的的风险控制过于宽松,特别当遇到风险系数较大的标的时,如果没有一个严格的风险控制体系,将可能给整个公司带来巨大的风险损失。

理赔核赔是保险经营的另一重要环节。严格把好这一环节是对全体投保人负责,也是对保险公司的稳定经营负责。目前对于财产保险公司,由于标的的多样化及复杂性,导致理赔核赔的难度很高且成本较大。

道德风险指保险合同主体或关系人为图谋赔款或保险金,有意促成保险事故发生的风险。如虚构保险标的、谎报保险事故、夸大保险事故、故意制造保险事故、违反如实告知义务等。

(五)并购重组风险

随着保险业开放,保险业并购重组主要包括三个方面:第一,我国保险公司之间出于增加自身竞争实力而产生的并购重组行为;第二,我国保险公司通过并购重组国外保险公司实现"走出去"战略;第三,外国保险公司通过并购重组我国保险公司达到在我国保险市场增加渗透力度,扩大保险份额和保险服务领域的目的。保险业的并购重组虽然能增强公司竞争力、扩大市场份额、整合各自优势,但也面临着风险。不同的公司有着不同的资本结构、人力资源、企业文化,能否对其进行整合以及整合效果将决定着保险公司并购重组的成败。同时伴随着全球金融综合经营的大趋势,保险公司将更多地参与到银行、证券、信托等其他金融行业的并购重组当中,这对于现在还处于分业经营的中国金融业来说,不可避免地会产生政策风险和监管风险,以及由于综合经营而带来的行业间的风险传递。

(六)竞争风险

在市场竞争中,竞争的基本动机和目标是实现最大化收入。但是,竞争者的预期利益目标并不是总能实现,实际上,竞争本身也会使竞争者面临不能实现其预期利益目标的危险,甚至在经济利益上受到损失。这种实际实现的利益与预期利益目标发生背离的可能性,就是竞争者面对的风险。在市场竞争中,不确定性因素很多,必然会有某些竞争者要承受竞争风险带来的损失。竞争风险的大小主要取决于三个基本因素:市场竞争的规模、市场竞争的激烈程度和市场竞争的方式。竞争双方投入的竞争力量和成本越大,竞争规模越大,市场风险就越大;市场竞争的激烈程度,主要表现为企业间在争夺市场占有率、提高销售额和盈利率等方面的抗衡状态。市场竞争越激烈,竞争双方所面临的风险就越大;市场竞争的方式是竞争双方在竞争时所采取的手段和策略,一般可以划分为价格竞争和非价格竞争两类。一般地说,价格竞争较为激烈,特别是竞争双方轮番降价,经常会造成两败俱伤。

国际金融、保险创新使得传统的分业经营模式被打破,中国保险业不仅要面临外资保险公司的迅速发展的竞争压力,同时也要面对其他金融机构的激烈竞争。金融、保险机构之间的业务相互交叉、高度融合、产品替代率远大于从前,这种竞争虽然有助于提高保险效率,但在另一方面削弱了单个保险公司的市场份额和利润空间,从而降低了整个保险行业抵御风险的能力。为了在竞争中求生存,各保险公司不断针对潜在保险需求推出新产品,以提高竞争力。保险创新产品的风险控制需要先进的精算技术和丰富的历史数据,如果缺乏对市场风险的分析以及历史数据的搜集,就易造成产品竞争方面的被动以及未来理赔的不确定性。

三、保险业安全概述

保险业面临着来自多方面的风险,我国保险业在国际竞争、外资控制、风险管理、监管体系等诸多方面逐步暴露出一些不良问题,整个保险业平稳、安全、持续的发展态势受到挑战。而保险业又表现出较强的安全损害传导特性,该产业的不安全问题势必会波及危害到包括金融产业在内的许多产业,甚至危及整个国家的产业安全,因此建立保险业安全体系势在必行。

保险业是现代金融体系的重要支柱,防范化解保险风险,是构筑牢固的经济社会安全网的关键环节之一。准确评估保险业风险防范面临的形势,客观分析保险业风险防范化解工作的现状,采取切实有力的措施防范化解风险,是保险业必须面对的重大历史性课题。我国保险业发展环境正在发生复杂而深刻的变化,给保险业风险防范工作带来了越来越多的不确定因素。

一是经济全球化的挑战。风险跨国家、跨区域、跨行业传递的可能性越来越大,发展中国家的金融体系很容易因为外部投机冲击和风险传递而受到损害。

二是利率市场和汇率形成机制改革的挑战。目前保险公司投资组合基本属于利率敏感型产品,利率市场化将直接影响保险公司的投资收益,并且随着保险资金境外投资渠道的逐步放开,保险公司的投资还面临汇率变动风险。因此,利率市场化和汇率形成机制改革的推进,将改变保险产品的定价基础,加大保险产品定价的难度,增加保险产品与其他金融产品的相互替代性,进而使保险产品销售面临更加激烈的竞争。

三是金融综合经营趋势逐步深化的挑战。当前,国内金融综合经营逐步发展,金融综合经营在产生规模经济和范围经济效应的同时,也大大提高了金融风险跨市场传递的可能性。

四是保险业投资渠道不断拓宽的挑战。随着保险业投资渠道的进一步放宽,保险资金将开始涉足许多全新的领域[①]。

第二节 传统保险业务的风险与安全

一、保险承保的风险与安全

(一)影响承保的风险因素

保险人在承保时主要面临实质风险、道德风险、心理风险、法律风险四种风险因素。

1.实质风险因素

实质风险因素是影响承保风险的重要因素之一。实质风险因素是指某一标的本身所具有的足以引起风险事故发生或增加损失机会或加重损失程度的因素,例如建筑物的结构、占用性质、防火措施及外部环境等。保险人在评估投保单时需将各种实质性风险因素考虑进来。

---

①夏侯建兵.中国保险业信息化发展研究[M].厦门:厦门大学出版社,2017.

2.道德风险因素

道德风险是指人们以不诚实或故意欺诈的行为促使保险事故发生或夸大索赔金额,以便从保险中获得额外利益的风险因素。投保人的道德风险主要来源于两方面:第一,投保人丧失道德观念;第二,财务上出现困难。为了控制道德风险的产生,保险人在承保时要将保险金额控制在适当的额度内,注意保险金额与投保人的财务状况是否相一致,防止超额投保现象的发生。

例如,月收入2000元的投保人,为他人购买保险金额200万元的人寿保险,这种情况下,为了避免道德风险的产生,保险人要对投保人进行必要的调查。首先,要查清投保人对被保险人是否具有法律上承认的保险利益;其次,要对投保人的收入来源及以往的保险情况进行调查;再次,应对保险金额征得被保险人的书面同意。经过全面的调查以后才能决定是否承保。

3.心理风险因素

心理风险又称行为风险或态度风险,是指由于人们的粗心大意和漠不关心,增加了风险事故发生的机会并扩大损失程度的风险因素。例如,投保人在投保了财产保险后,就不再注意防火;投保了盗窃险后,就不再谨慎防盗。

与道德风险相比较,心理风险更不易控制,从法律角度或是保险条款中都很难对心理风险加以限制。实务中,保险人通常采取以下两种方式对心理风险进行控制:第一,规定免赔额(率)。免赔额分为绝对免赔和相对免赔。绝对免赔是指在计算赔偿金额时,不论损失大小,保险人均扣除约定的免赔额。相对免赔是指损失在免赔额以内,保险人不予赔偿,损失超过免赔额时,保险人就全部损失金额进行赔偿。第二,实行限额承保。这种方式针对某些风险,采用低额或者不足额的保险方式,规定被保险人自己承担一部分风险。保险标的发生全部损失时,被保险人最多能够获得保险金额的赔偿,保险标的发生部分损失时,保险人按照保险金额与保险标的的实际价值的比例对被保险人进行赔偿。

4.法律风险因素

法律风险是指影响保险人收取与损失风险相称的保险费的法律环境或监管环境。具体的表现形式包括:第一,主管当局强制保险人使用一种过低的保险费标准;第二,要求保险人提供责任范围广的保险;第三,限制保险人使用可撤销保险单和不予续保的权利,以及法院可能做出有利于被保险人的判决。

(二)承保风险的表现形式

1.承保费率与保险责任不匹配

保险业经营遵循大数法则,保险精算人员基于既定的死亡率、疾病发生率,结合保险公司期望的利润率进行产品定价。保险公司收取的保险费应当能够履行对投保人所负担的赔款并建立各种准备金,以及支付保险企业在经营上的支出。如果保险公司为了追求市场份额,无原则下调承保费率,导致承保费率低于产品设计之初的精算假设,会导致公司赔付成本增加,经营风险增大,最终陷入亏损经营的局面。

例如,某保险公司的团体航空意外险,定价为20元/人的保险费在实际承保时只按4元/人收取,费率下浮达到80%,大幅降费承保,既使公司自身经营面临着巨大的风险,又影响了保险行业在销售者心中的公信力,对整个行业的发展造成较大的隐患。

2.突破条款规定承保

保险条款是保险人和投保人之间订立的保险合同的重要组成部分,是保险人履行保险责任的重要载体之一。在实际经营过程中,保险公司为了承揽保单,满足投保灵活多样的需求,擅自变更报备的保险条款,以批单、特别约定等方式给予投保人条款约定以外的其他利益,尤其在团体保险中,这种现象比较明显,具体表现为:

第一,承保人群突破了条款规定的投保范围。保险定价基于特定人群的风险发生概率,当实际的承保人群突破产品设计的投保范围时,实际的风险发生率会偏离预期的风险发生率,不符合保险经营的基本规律,造成巨大的经营风险。例如,贷款者意外伤害保险,是为了防止贷款人在贷款期间身故或残疾而无法偿还金融机构贷款而推出的保险,其被保险人应为在金融机构取得贷款的自然人。在实务操作中有些法人单位进行贷款,贷款人为法人,被保险人主体不明确。但因为该类业务贷款额度高,对应的保费收入也相当可观,保险公司为了承揽该类业务,会将贷款金额拆分,将单位高管甚至家属均作为被保险人,扩大了承保范围,增加了保险公司的经营风险。

第二,以特别约定方式扩大或缩小保险责任。保监会要求保险公司应销售经核准备案的保险条款,而通过特别约定方式扩大或缩小保险责任,其实质为修改保险条款,突破了保险精算基础,导致经营风险发生。如果特别约定表述有歧义,还会造成后续的理赔纠纷甚至给保险公司带来诉讼风险,尤其是缩小保险责任承保,涉嫌侵害被保险人权益,不利于发挥保险的保障功能。

第三,以协议方式承诺给客户条款之外的特殊收益。此种承保方式多见于团体分红保险等享有分红收益的产品。为了满足客户追逐团体分红保险高收益的要求,保险公司会在保单和条款之外与客户签订补充协议,承诺在一定期限内给客户相应的高收益率,将正常的保障型保险产品操作成理财型保险产品,背离了保险产品最基本的保障功能。一旦承诺客户的收益率无法实现将可能出现客户退保风潮,影响保险公司的稳定经营。

3.超能力承保

保险公司获取保单的能力与其资本金配置、风险管控、经营服务等多项经营管理指标密切相关,当保险公司为了片面追求保费规模,无视自身承保能力和承保技术,盲目承保与自身风险控制能力不相匹配的风险,会导致赔付成本无法控制,给公司健康发展带来沉重负担。

4.核保审核不严格

核保人员进行风险评估和风险管控是保险公司控制承保风险的重要措施之一。如果保险公司内部核保管理制度不健全,会导致保险公司风险识别和管控能力不足,从而不能准确地进行风险评估与定价,无法起到应有的风险管控作用,人为增加了公司经营风险。

5.承保流程不规范

承保的流程包括接受投保申请、审核验险、接受业务和缮制单证等步骤。规范承保流程要求保险公司按照契约管理规定,对投保进行受理、核保、保单缮制和送达。如果保险公司违反契约管理规范,会导致系统外手工单、无名保单、假保单现象发生,严重损害投保人和被保险人权益。

6.承保单证管理不规范

承保单证是指保险公司在承保业务处理及服务环节所涉及的与客户权益有关的单证,按签发后是否即时产生法律效力又可分为有价单证和非有价单证。其中有价单证一经填写、打印后即时生效,成为保险公司承担经济责任的重要凭证。基于上述特性,有价业务单证一般由保险公司总公司统一设计、印制,由分支机构进行领用、发放和核销。

目前承保单证管理不规范主要表现为:分支机构未经总公司同意私自印制承保单证,未按要求建立单证管理台账,没有准确记录单证的领用、发放、回销。尤其是和中介代理机构合作的业务,对承保单证在代理机构的使用过程和使用情况缺乏必要的管控,致使有价单证作废回销不及时,损坏甚至丢失情况严重,存在极大的风险隐患。

(三)控制承保风险的方法

1.避免逆向选择

所谓逆向选择,从保险人的角度来看,是指那些有较大风险的投保人试图以平衡的保险费率购买保险。或者说,最容易遭受损失的风险就是最可能投保的风险。保险人控制逆向选择的方法是对不符合承保条件者不予承保,或者有条件地承保。

例如,当投保人就自己易遭受火灾的房屋投保财产保险时,保险人会提高承保的保险费率;当投保人患有超出正常危险的疾病,保险人会拒绝其投保定期死亡保险的要求,从而在一定程度上控制投保人的逆向选择。

在实践中,可以通过以下几个方面来避免逆向选择的发生:第一,完善保险相关法律法规,健全失信惩罚机制,为解决我国保险业中的逆向选择问题提供法律制度保证;第二,建立全国统一的信用信息共享系统,完善个人信用评级制度;第三,加强核保检验工作,抑制来自投保人的逆向选择;第四,完善和发展保险技术,设计避免逆向选择出现的保险契约。

2.控制承保能力

承保能力是指保险人能够承保业务的总量。保险人承保能力通常用承保能力比率(承保保险费与偿付能力额度之比)进行度量。保险人的承保能力限制了保险公司签发新保单的能力。因为卖出的新保单会增加保险人的费用,从短期来看,会降低保险公司的偿付能力;从长期来看,如果新保单所产生的保险费超过了损失和费用的支付,新保单会增加保险公司的偿付能力。所以,有计划地增长新保单的销售,能够保障保险公司承保能力稳定而有序的增长。

保险人保证承保的能力的途径包括以下几个方面:第一,保持风险分散。只有通过风险分析与评估,保险人才能确定承保责任范围,才能明确对所承担风险应负的赔偿责任。第二,用特殊的承保技术和经验满足某些险种的承保要求。一般来说,对于常规风险,保险人通常按照基本条款予以承保。对于一些具有特殊风险的保险标的,保险人需要与投保人充分协商保险条件、责任免除和附加条款等内容后特约承保。特约承保是根据保险合同当事人的特殊需要,在保险合同中增加一些特别约定,满足被保险人的特殊要求,并加收保险费为条件扩展保险责任。通过特殊的承保控制,将使保险人所支付的保险赔偿额与其预期损失额十分接近。第三,安排再保险。再保险对保险公司的承保能力有直接的影响。通过再保险公司可以将保险风险转移给再保险人来增加承保新保单的数量。

二、保险理赔的风险与安全

(一)我国保险业理赔状况

随着经济的不断发展,人们的收入水平不断提高,对于保险的重视程度也在日益提升,保险公司的理赔给付金额也在逐年递增。产险、寿险、健康险、意外险各个险种的理赔给付金额也呈现出上升趋势。

(二)理赔风险产生的原因

在理赔过程中,一些外部或内部的因素均可导致理赔风险的产生,尤其在人身保险市场,理赔风险表现得更为突出。保险公司面临的理赔风险主要表现在以下几个方面。

1.理赔中存在超额赔付现象

保险理赔的程序包括接受损失通知书、审核保险责任、进行损失调查、赔偿给付保险金、损余处理及代位求偿等步骤。

从保险人接到投保人或者被保险人的赔付请求,到查勘、定损、报价、核损、理算、核赔、付款,几乎每个环节都可能存在问题,如管控不严,发生不能准确定损、报价不准确等现象都可能造成理赔风险。另外,我国《保险法》规定,保险人未及时履行赔偿或给付保险金义务的,除支付保险金外,应当赔偿保险人或受益人因此受到的损失,这些都会引起保险公司的超额赔付。

2.保险费率下降导致的理赔风险

在保险公司竞争激烈的情况下,保险公司之间可能存在恶性竞争,造成理赔风险。当有新的保险公司进入市场,由于各保险公司之间的竞争加剧,为了在市场中保有一席之地,提升市场占有率,保险公司开始纷纷降低费率,甚至有些忽略成本,从而造成"低保费,高赔付"的局面,承保数量的上升,承保质量的下降,对于保险公司来说这无疑是万丈深渊,其结果是巨额的保险赔付额。

3.理赔制度不完善

完善的理赔制度是保证保险理赔顺利实施的基础。市场中,一些保险公司缺乏完善的理赔规范,导致理赔人员在理赔过程中漏洞百出,风险重重。而且一些保险公司的理赔考核制度缺乏有效性,这会使理赔人员在工作中的主观性较强,工作质量参差不齐,进而导致理赔服务水平与客户要求相差甚远。另外,理赔过程中调查工作不深入也会导致道德风险的出现。在人身保险理赔中,有时需要相关医疗机构提供的病史来确定理赔金额,而在很多情况下病史是否能完全反映相关主体的实际状况还有待考量,加之出具病史的相关单位并不承担相应的经济责任,所以并不排除制造虚假信息的可能。如果保险公司为了成本考虑或者没有进行详尽的调查工作,那么理赔金额可能会远远超出实际水平。

目前,仍有一些保险公司存在理赔手续烦琐、拖赔错赔现象,导致客户对保险公司的信心下降,严重损害了保险行业形象。保险理赔服务与客户的需求的不匹配,会加大理赔的风险,不利于保险企业的长久发展。

4.保险欺诈导致的理赔风险

保险欺诈问题在投保人与保险人当中均存在。凡保险关系投保人一方不遵守诚信原则,故意隐瞒有关保险标的的真实情况,诱使保险人承保,或者利用保险合同内容,故意制造或捏造保险事故造成保险公司损害,以谋取保险赔付金的,均属投保方欺诈。凡保险人在缺乏必要偿付能力或未经批准擅自经营业务,并利用拟订保险条款和保险费率的机会,或夸大保险责任范围诱导、欺骗投保人和被保险人的,均属保险人欺诈。由保险欺诈行为导致的理赔风险一旦发生,有可能造成巨额损失。

5.道德风险和逆向选择导致的理赔风险

道德风险是指投保人或者被保险人在投保后,通过某种行为的影响,造成对保险公司不利的后果。在健康保险市场中道德风险尤为严重。由于保险人无法完全参与到被保险人的治疗过程中,从而保险人不能有效了解被保险人的实际医疗服务情况以及医疗服务供给方是否提供了适当医疗服务。被保险人在有保险的情况下,会更倾向于选择更好的治疗途径、更好的治疗药物,会有过度治疗的现象发生。而且不同的医疗机构、不同的诊断医生对患者判断的区别,也会导致治疗过程中的花费不同,这些都在无形中增加了道德风险。

逆向选择是由于信息的不对称性导致的,在健康保险市场中尤其严重。逆向选择发生于投保者相对于保险公司拥有更多更有利于自己的信息时,包括他们自身的健康状况、发病率等信息。在这种情况下,自由市场一般是无效的。有效的市场要求根据不同的风险类型拟定不同的契约合同,并且从低风险设计的合同中得到的收益可以用来资助高风险的合同。然而,这种分配方式不能作为自由市场的均衡状态持续存在,因为公司可以拒绝那些总是亏损的合同的申请。这样一来,当需要高风险合同的主体了解这种情况时,他们就会有动机去掩盖一些导致高风险的事实,从而冒充低风险的合同契约。从而,在自由市场中,就不存在不同合同之间的交叉补贴了,保险公司所接受的几乎全是高风险的合同,理赔风险大大增加,相应的政策措施就需要解决这种问题。而无论是道德风险还是逆向选择,都增加了保险公司的赔付率。

(三)控制理赔风险的方法

1.建立和完善内部理赔风险管理机制

理赔岗位是公司控制经营风险的最为关键的环节之一,保险公司应从规范理赔流程、完善绩效考核机制和建立企业信息管理系统三方面来完善企业内部的理赔风险管理机制。

第一,规范保险理赔流程,建立完善的绩效考核机制。保险公司规范理赔流程要确保理赔队伍的先进性,要重点关注理赔人员职业道德建设和理赔人员培训机制建设。理赔人员的责任心和工作态度,是做好理赔工作的最基本前提,因此加强理赔人员职业道德建设和敬业精神培养势在必行。同时,要高度重视理赔人才的储备工作,重点培养优秀的理赔人员,确保理赔工作的连续性。在此基础上,完善绩效考核机制,促进保险公司理赔队伍整体水平的提高。

第二,建立企业信息管理系统,完善保险企业风险管理制度。现代科学技术高速发展为信息化建设提供了强有力支持,随着信息化水平的不断提高,各行业信息化建设日趋重要,保险行业通过加强信息化建设,可以节约大量的人力和物力,从而降低经营成本,有效控制经营风险。保险企业通过内部信息沟通反馈可以提高理赔工作效率,同时有效利用外部信息管理渠道,降低经营风险。

2.建立合理的费用分摊模式

为控制被保险人的道德风险,保险公司可以建立合理的费用分摊机制,通过让被保险人分摊部分费用,增强被保险人的节约意识。

(1)合理设定免赔额

免赔额即免赔的额度,指由保险人和被保险人事先约定,被保险人自行承担损失的一定比例、金额,损失额在规定数额之内,保险人不负责赔偿。绝对免赔额是指保险人根据保险的条件作出赔付之前,被保险人先要自己承担的损失额度。因为免赔额能消除许多小额索赔,损失理赔费用就大为减少,从而可以降低保费。除降低赔付金额,免赔额还可以消除被保险人的侥幸心理。免赔额条款在健康保险中得到广泛地使用。

(2)约定共付比例

在健康保险中,通常采用免赔额和比例共付相结合的方法,通过比例共付来控制被保险人道德风险,被保险人自行承担部分医疗费用后,可增加其费用控制意识,提高医疗服务的利用率,降低总费用,以达到减少保险金赔付的目的。

(3)设置最高支付限额

为了控制被保险人的道德风险,同时降低保险的理赔风险,医疗保险中通常会对被保险人花费医疗费用或服务量规定上限,限额以内的由保险人负担,限额以外的由被保险人自付。支付限额越低,越有效降低道德风险,但被保险人承担的费用较高;支付限额越高,保障程度越高,但控制道德风险的效果较差。

(4)订立免责期条款

免责期条款是指保险合同规定在合同生效后一定时间内,例如一个月或三个月,这期间如果被保险人因疾病产生费用,保险人不予支付保险金。免责期限越长,则保费越少,反之保费则越多。通过订立免责期条款可以有效预防部分投保人无病不投保,生病以后才投保的逆选择行为的发生,对容易导致逆向选择、道德风险以及某些难以控制的疾病或治疗方式不予赔付。

3.做好社会环境风险的研究和预测

对于社会环境风险,保险公司是无法控制的,但是可以采取积极的措施降低风险发生的概率。保险公司可以借助完善的统计监测系统,通过计算机和相应的应用软件迅速地收集、整理和分析业务中的有关数据,对保险赔付频率和次均赔付额及其决定因素进行动态监测。

4.培育风险管理企业文化

在进行风险管理工作中,应树立全员参与意识。风险管理不仅仅是保险公司管理层及风险管理部门的工作,所有岗位的工作者都应参与其中。加强对内部员工宣传教育,促进企业稳健经营,注重长远利益,风险管理才能有效实施。首先,应建立统一的企业价值观。通过企业最高层领导与员工良性互动工作来建立和培养企业文化,提高员工的责任感,使得风险管理的理念深深根植于全体员工心中,树立风险意识,避免短期行为。其次,传播企业文化,规范企业制度。企业制度是企业文化的重要内容之一,基于文化理念的制度将成员引向新的文化。通过健全理赔风险管理制度,树立理赔岗位的行为规范,使制度建设与文化建设相统一。在保证理赔风险管理制度的科学合理、公开公平前提下,充分考虑企业文化的特征,使文化与制度相互促进、协调发展。再次,要以多种方式推动企业风险文化建设,使风险管理理念深入人心。例如,定期组织员工培训、开展丰富多彩文体活动、统一编印风险管理手册等。

第三节 创新型保险业务的风险与安全

一、保险资金投资的风险与安全

(一)保险投资概述

1.保险资金定义

《保险资金运用管理暂行办法》中将保险资金被定义为"保险集团(控股)公司、保险公司以本外币计价的资本金、公积金、未分配利润、各项准备金及其他资金"。保险资金并不仅指保险公司所收取的保费,而是保险公司拥有的各种资产的总和。

2.保险投资资金来源

保险投资资金泛指保险公司的资本金、准备金,具体来说是指保险公司的资本金、保证金、营运资金、各种准备金、公积金、公益金、未分配盈余、保险保障基金及国家规定的其他资金。具体可以分为以下三类。

(1)权益资产

权益资产是指保险公司的自有资金,包括资本金、公积金、未分配利润等。其中资本金是保险公司的开业资金,各国政府一般都会对保险公司的开业资本金规定一定的数额,也属于一种备用资金,当发生特大自然灾害,各种准备金不足以支付时,保险公司即可动用资本金来承担保险责任。

(2)各种责任准备金

责任准备金是保险公司为保障对被保险人的赔付责任,根据精算原理按照一定的比例从保费中提留的资金,是保险公司的负债。财产保险业务提取的准备金包括未决赔款准备金、未到期责任准备金和长期责任准备金;人寿保险业务提取的准备金包括寿险责任准备金、长期健康责任准备金、长期责任准备金和未决赔款准备金四种。由于保费的收取和保险金的给(赔)付之间一般存在一定的时间间隔,因而这部分资金可供保险公司用于投资,是保险资金的重要来源。

(3)其他资金

在保险公司经营中,还存在其他可用于投资的资金来源,例如结算中形成的短期负债、保险公司投融资活动而获得的资金、保费收入和赔款支出"时间差"形成的资金等。

3.保险资金投资渠道

保险资金投资已经成为保险公司最重要的经营业务之一,其投资收益是保险公司利润的重要组成部分。因此,监管部门和保险公司都非常重视对保险资金投资的管理,严格控制投资渠道和投资比例的限额。目前,保险资金主要的投资渠道有银行存款、股票、债券、证券投资基金、不动产等。

(二)保险资金投资风险类型

保险资金面临的风险有很多,按照不同的标准可以划分为不同的种类。常见的分类方法是将保险资金投资风险分为系统性风险和非系统性风险。其中,系统性风险又称为市场风险,主要包括利率风险、通货膨胀风险、汇率风险,政策与政治风险等,这些风险无法通过组建投资组合来分散;非系统性风险包括信用风险、流动性风险、操作风险等。下面主要介绍对保险资金投资影响重大的几类风险。

1.系统性风险

(1)利率风险

利率风险是指当市场利率发生变动时,造成保险公司资产、负债价值减少的风险。利率风险会加剧保险公司资产和负债的不匹配程度,从而影响公司的偿付能力,因此利率风险管理在保险公司的风险管理中占有重要地位。利率风险有三种表现形式:再筹资风险、再投资风险、市场价值风险。再筹资风险表现在当保险公司持有资产的期限长于负债的期限时,因市场利率上升而需要花费更高的再筹资成本来满足现金给付的需要;再投资风险表现在当保险公司持有负债的期限长于其资产的期限时,因市场利率下降而必须遭受较低收益的资金再投资;市场价值风险是指由于利率的变化而导致保险公司的资产和负债价值下降的风险。另外,利率的变动还会加剧保险公司资产和负债不匹配的风险损失程度。

(2)资产和负债不匹配风险

由于保险资金具有负债性的特征,与传统的自有资产风险管理有很大不同。具体可表现为资产和负债总量不匹配、期限不匹配、成本和收益不匹配等。保险资金来源主要包括寿险与财险,寿险的保险期限更长,对资金的安全性要求更高,所以寿险资金更适合于投资长期储蓄、金融债券、国债、房地产等中长期投资工具;财产险的保险期限较短,对资金的流动性要求更高,所以财产险资金更适合于投资国债、同业拆借、股票等流动性强、收益高的短期投资品种。但是在实际操作中,由于缺乏足够的投资产品,大量长期寿险资金投资于中短期投资工具,对于银行存款和债券这些短期资产来说,其收益率相对固定,且受货币政策和利率走势的影响较大,一旦市场发生波动,将会极大影响保险资金的安全性与收益率。

(3)通货膨胀风险

通货膨胀风险是指由于物价水平的持续上涨,对消费者保险购买行为和保险公司保险投资决策产生影响。如发生高通货膨胀后,消费者认为自己现在的保额代表的购买力,在将来无法满足风险保障的需要,选择退保,导致保险公司面临"挤兑"风险,导致保险公司需要提前收回保险投资资金,造成投资损失。

(4)汇率风险

汇率风险是指由于汇率变化,导致资本市场股票价格波动,保险投资资金因所投资的股票价格波动而造成损失的风险。

(5)政策风险

政策风险,是指由于政府相关政策变动而对保险投资回报率造成影响的风险。证券市场受政治因素的影响较大,因而有关政策的变化对保险公司投资的影响也较大。如果这些因素仅仅影响某些证券,那么这种风险是可以分散的,如果影响到整个证券市场,那么保险公司面临的这种风险则是不可分散的。

2.非系统性风险

(1)信用风险

信用风险也称违约风险,是指保险公司的投资对象或合作伙伴因某些原因不能履行投资合约,或者造假欺诈,造成保险公司不能如期收回投资收益,严重者甚至不能收回投资成本。信用风险对保险公司的投资运作影响重大,保险公司在进行投资时应该通过信用分析来防范违约风险,尤其是在债券投资及贷款中。保险公司在进行投资时应对投资对象进行详细分析,以此减少保险公司的违约风险。

(2)流动性风险

流动性风险是指保险公司的资产不能及时变现,无法应付对被保险人或受益人的赔偿或给付,或者以较高的成本对资产变现或借款,而给保险公司造成损失。流动性对保险公司的意义重大。由于保险事故具有极大的突发性、偶然性、破坏性,加之企业的生产经营越来越规模化、大型化、现代化,风险损失发生的频率及严重程度有不断上升的趋势,如果事故发生,保险公司没有足够的现金资产对被保险人或受益人进行赔偿给付,从社会角度来说,保险公司所承担的责任可能难以实现,对保险公司自身来说,也会因为流动性不足而影响正常经营甚至破产倒闭。

造成流动性风险的原因有:第一是资产负债的期限不匹配。即由于资产产生的现金流与负债产生的现金流不能匹配导致。例如,长期负债没有相对应的长期资产进行匹配。第二是市场利率变动造成的流动性风险。例如当市场利率高于保单的预定利率时,许多以投资为目的的投保客户就会纷纷退保,转向投资收益率更高的资产。

(3)操作风险

操作风险主要指资金投资操作过程中产生的风险。具体是指由于决策失误、组织管理系统有缺陷、交易管理制度不健全或者因员工的过失、欺诈等导致的风险。操作风险受保险公司的治理水平、管理者和投资者的决策能力、员工的素质等诸多因素的影响。

(三)保险资金投资风险管理方法

1.培育和优化保险资金运用的宏观环境

保险资金投资的安全有效运行离不开稳定、完善的经济环境,培育和优化保险资金运用的宏观环境,对保险资金投资十分重要。

2.完善保险公司内部风险管理系统

保险资金投资和风险管理的核心在于保险公司自身,主要依靠保险公司转变风险管理理念,利用先进的风险管理技术和模型,建立科学的风险管理系统,加强公司的内部控制。保险资金运用风险管理系统是对保险资金投资各类风险的综合控制和处理机制,包括制定风险管理政策和目标、构建风险管理组织系统、完善保险资金投资过程风险控制、建立风险管理信息系统等。在市场竞争日益激烈、风险环境日益复杂的条件下,保险公司建立全面、科学、有效的风险管理和内部控制体系,不仅是管理资金投资和控制投资风险的重要措施,而且是其长期发展战略的重要组成部分。

3.健全保险资金运用监管体系

我国对保险行业的监管体系已经建立了比较完善的框架,但监管范围和力度仍有待提高。目前,我国对保险资金运用的监管方式,主要是依靠分析保险公司过去的财务状况和经营业绩来判定现在的偿付能力。随着保险资金规模的不断扩大,资金投资渠道不断增多,这种监管方式已经无法发挥科学有效的监管作用。因此,保险监管部门应完善监管手段,建立以风险为基础的动态偿付能力监管方式,对保险资金运用进行实时监管。与此同时,要加强保险行业协会的自律作用。

二、银行保险业务的风险与安全

(一)银行保险业务的内涵

银行保险是银行与保险公司以共同客户为服务对象,以兼备银行和保险特征的共同产品为销售标的,通过共同的销售渠道,为共同的客户提供共同产品的一体化营销和多元化金融服务的新型业务。银行保险作为一种新型的金融产品,它体现了银行和保险公司的强强联合,通过共同的销售渠道向客户提供产品和服务,能够实现客户、银行和保险公司的"三赢"。

(二)银行保险业务存在的风险

银行保险业务主要涉及银行、保险公司和客户三方面的行为主体,各方都承担着不同的业务风险。

1.承保操作风险

所谓承保操作是指投保人和销售人员达成一致、签订保险合同的过程。这个过程会很大程度地受到投保人和销售人员的影响,投保人是否能够主动真实告知自身具体情况、销售人员是否能够如实地告知投保人保险合同的内容和细节等,都会给银行保险带来风险。

首先,保险公司能否准确地将银保产品的内容和细节传达给顾客是银行保险所面临的第一大操作风险。这是由于保险公司作为银保产品的开发和经营方,虽然对银保产品了解透彻,但真正在第一线和顾客进行交流的却是银行柜台的工作人员,他们往往对银保产品不是十分了解,面对顾客咨询有时会给出错误的回答,从而误导顾客购买产品。除此之外,银行工作人员还大量存在保险合同签订过程中的操作不规范问题,往往造成投保单的误填。

2.道德风险

道德风险:主要是由客户和银行、银行和保险公司、保险公司和业务员之间的信息不对称和目标不一致造成的。一方面顾客往往为了获得利益故意隐瞒自身存在的某些重要事实,从而使保险公司蒙受损失;另一方面银行方面为了达到预期的银保保费收入规模,在和客户交谈时,往往故意忽略某些不符合保单条款的事实,从而使得银行保险存在很大的隐患。此外,保险公司业务员作为保单的核查管理人员,不能充分发挥保单的监督管理作用,反而受各种利益牵引,也是风险的一大来源。

投保人和被保险人的道德风险主要表现为:投保人违背最大诚信原则,隐瞒真相,从而影响公司核保决定;投保人或被保险人故意制造或夸大保险事故,骗取保险金等行为;投保人或被保险人通过与保险公司内部人员联合骗保,骗取赔款等。银行网点人员的道德风险主要表现为:银行网点人员在受理投保时可能明知保险标的不符合承保要求,但为了实现其自身利益而盲目接受投保,加大了承保风险。保险公司工作人员的道德风险主要表现为:保险公司工作人员由于公司保费任务和利润等原因,为了达到公司保费规模,放松承保条件。

3.营销渠道风险

银保合作短期化是寿险公司面临的第一类渠道风险。由于目前大多数银保代理协议期限较短甚至只有一年,这就使得寿险公司银保产品的销售渠道得不到长期稳定的保障,也就不能为其提供稳定的保费来源,存在很大的风险。

经营成本不断加大是寿险公司面临的另一种渠道风险。由于缺乏长期稳定的银行和保险公司合作模式,再加上银行往往可以同时和多家保险公司合作,这就迫使寿险公司为了拓宽销售渠道增加业务量,不得不将很大的精力投入到和银行维护关系上,甚至不得不提高手续费来加强和银行的合作,占用了寿险公司大量的人力财力,导致经营成本的急剧上升。

4.经营技术风险

银行保险是建立在金融一体化趋势下的一种金融产品创新,这种产品创新不仅需要整合银行和保险公司各自的渠道、客户等资源,更需要的是对产品本身进行系统的开发和设计,这就需要寿险公司投入大量的人力和财力。但是产品开发不会每次都成功,如果其中某一环节出现问题就可能对资金回笼造成影响,带来很大的风险。

银行保险的经营技术风险还体现在银行保险是一个全面涉及技术开发、系统改造和管理理念更新的系统性工程,不是简单地通过内部消化就可以实现,而必须是建立在银行和保险公司整体范围内的制度变化。为了促进银行保险的发展,银行和保险公司必须建设现代化的数据业务系统,引入现代化的管理理念并融通各自的结算网络,这些新技术的运用都会给银行保险带来风险。

5.法律政策风险

银行保险作为新形势下的一种金融产品创新,必然会直接受到金融法律法规的影响和制约,这就要求所签订的银保合同必须在法律允许的范围内,要求银保合同能够明确地区别合同双方的权利义务关系。除此之外,还必须考虑到政策变化所带来的影响及时调整银保合同相关条款。

6.客户服务风险

银行保险主要通过银行渠道销售保险,客户直接与银行接触完成投保,承保后的各种服务事项也习惯与银行进行联系。若发生银行网点停止与保险公司合作或客户投保时负责的银保专管员的离职等情况,客户就成为了保险公司"孤儿保单"客户。客户若未能在保险公司留有正确的联系方式,会导致保险公司无法联系到客户,将对客户的后续服务带来风险。

(三)我国银行保险业务的风险防范

1.加强产品开发,丰富银行保险的产品

银行保险产品是对银行理财产品的一种补充,相比于保险公司,银行更加了解客户对银行保险产品的需求。因此,保险公司应加深与银行在产品开发上的合作,根据不同银行金融产品的特点和市场的需求提供给合作银行有个性化的补充产品。这样一方面有利于与合作开发银行建立长期合作战略联盟的关系,通过产品创新,用适销对路的银行保险产品提升各保险公司产品之间的差异化,同时对银行现有的金融产品进行补充也将提升银行在市场上的竞争力。在产品设计上除了考虑银行自身对金融产品的补充需求外,还要充分考虑不同层次客户的需求,考虑银行保险的特点,产品应具备操作手续简便、快捷、易宣传的特点,并要考虑到所在地域及产品营销辐射区内消费群体需求等因素,最大限度地适应不同地域的经济结构和人文差异。另外,保险公司可以和银行共同研制银行保险产品的生产线,形成可以横跨银行的市场需求收集、反馈、产品设计、销售流程,根据不断变化的市场需求设计不同产品,提高市场快速反应能力。同时,针对处于销售渠道终端上的大众化客户群,应尽量提供简单、标准化的保险产品组合方案,以求扩大市场份额。

2.加强银行保险营销合作管理

目前我国银行保险合作中,寿险公司普遍采用的是银行保险客户经理、渠道经理督导的模式。银行客户经理作为保险公司与银行的媒介,负责对银行员工进行培训、传递单证等,银行根据对保险销售的考核力度,采用专柜销售或全员销售的模式。在销售渠道的管理手段上除了利用激励等手段外,保险公司应通过提升产品的竞争力及保险公司的品牌价值和银行形成互相依存的伙伴关系。同时,在对银行销售的管理中应奖惩分明,寻找优质的合作银行作为战略伙伴,共同开发双方的客户资源,为客户提供多元化全方位的金融产品和金融服务。在此基础上,银行要与保险公司展开深度合作,参与前期产品的设计和开发,使得银保产品更有针对性。

3.加强银行保险业务信息技术合作

为了提高出单效率,适应银行销售对快捷性的要求,银行和保险公司应在保证各自系统安全的基础上,合理对系统开发进行投入,加快技术开发,建立和完善网络信息系统,实现银行与保险公司之间的直联,实时出单,并保证承保信息的及时输送和反馈,提高保单处理质量和效率,为客户提供更为先进、便捷的服务,为银保深层次合作奠定技术基础。银行与保险公司系统之间的实时连接,可以使双方客户能直接从网上获得包括银行、保险及证券在内的全方位个人理财服务,也可以加强对双方营销理念、管理规程、职业操守的深入了解,促进企业文化的交流,实现银保双方合作理念和职业规范的融合。

4.提升银行保险业务销售人员的业务水平

为促进银行保险业务的发展,银行与保险公司可以共同制订人员培训计划和发展战略,培养银保合作业务专家,为银保合作向更高层次发展奠定人才基础。通过建立银行和保险公司多层次的培训体系,加强银保业务培训,使银行人员真正了解保险、懂得保险,成为保险方面的专家、营销能手。通过银行销售的窗口将保险的理念送入千家万户,提升全民的保险意识,逐步改变客户以追求投资收益的保险目的,回归保险保障的本质。消除客户对银行保险产品存有的搭配销售的心理障碍,要让客户感到银行保险产品提供的保险产品销售服务是能够为他们带来利益的。通过一线的银行保险销售人员,了解银行客户的需求变动,并通过促进产品开发和保证客户利益来实现保险公司、银行和客户的多赢。

5.加强银行保险产品销售中的风险控制

银保产品在销售过程中要严格控制风险:第一,要按照保监会的相关规定,对银行销售的投资理财性产品向客户进行风险的如实告知,向客户明确提示所代理保险产品的经营主体、保险责任、退保费用、现金价值和费用扣除等情况;第二,建立起银行、保险公司问题处理机制,对客户投诉纠纷建立快速响应和处理的通道,共同维护好双方的客户,提升客户的满意度,提升保险公司和银行的品牌价值;第三,银行要加强产品售后依靠保险公司的业务网络支持,尽量为客户提供准确、及时的查询、信息披露、代收代付、满期给付及简单理赔等一站式服务,切实提高客户服务质量;第四,明确银行和保险公司的新型代理关系,进一步明确代理保险协议的权利义务,加强对银保客户经理的行为管理和业务培训,建立严格的奖惩机制。

6.加强保险产品的宣传

当前在加强现代保险经济补偿、资金融通和社会管理三大功能基础上,要进行保险理财及避险知识宣传。其一,要引导公众树立现代保险是重要理财手段的观念。其二,要提升公众学会辨别保险理财与其他理财产品差异的能力。其三,要倡导公众认识到保险产品的本质是对个人财务和生存风险进行管理,让公众意识到疾病、意外事故可能造成个人及家庭的风险问题,都可以利用保险所特有的保障功能进行风险管理。

7.优化银保合作模式

从国际经验来看,银行保险深化合作是一个从产品销售走向资本合作的过程,银行保险要得到较好发展,建立密切的资本联系十分必要。在银行保险模式的选择方面,应立足当前,着眼于未来。通过模式创新来推动深层次合作,是中国银行保险业务持续健康发展的必由之路。

三、互联网保险的风险与安全

互联网保险是一种新兴的以计算机互联网为媒介的保险营销模式,是相对于传统的保险营销方式而言的。保险业界一般将互联网保险定义为保险公司或保险中介机构通过互联网为客户提供产品及服务信息,实现网上投保、承保、核保、保全和理赔等保险业务,完成保险产品的在线销售及服务,并通过第三方机构实现保险相关费用的电子支付等经营管理活动。

(一)互联网保险风险的类别

1.信息技术与数据安全风险

互联网保险依托于互联网计算机的平台进行保险产品的交易,受互联网本身安全性的影响,互联网保险在经营过程中不可避免地面临着信息技术与数据安全的风险。

(1)信息技术风险

目前互联网保险面临的信息技术风险主要包括网络系统运行的安全风险、内外部非法入侵风险、信息传送风险等多个方面。相关调查显示,消费者在进行网上消费时,最关心的是网上支付的安全性问题,一些消费者也因担心网上购物的资金安全而放弃网上消费。

（2）数据安全风险

基于保险的最大诚信原则，保险公司要求客户在投保时要如实填写个人资料，其中就包括了职业、家庭情况、银行卡、身份证等敏感信息。客户在网上投保后，这些信息会在保险公司或保险中介机构的互联网平台上形成客户信息的数据库，这些数据信息虽然可以方便保险公司准确定位客户特性，但同时也存在着泄露客户信息的安全隐患。一旦保险公司的网站受攻击或者保险公司内部人员的恶意操作行为使客户信息泄露，就可能造成客户的经济损失，同时保险公司的声誉也会受影响。

（3）在线核保风险

由于互联网保险公司的核保是在线上平台进行的，无法像线下保险公司一样能与客户进行面对面的沟通和详谈，客户的身份识别认证以及对承保保险标的情况问询等成为保险公司在线核保中最为谨慎的环节。而对客户来说，投保后所交纳的保费是否安全地进入保险系统、交易记录是否得到保存等问题是他们最关心的问题。目前，还没有完全可靠的网络技术来保证在线核保、交易过程的万无一失。

2.逆向选择与网络欺诈风险

与传统保险相比，在互联网保险业务中，由于缺乏保险人与投保人之间的有效沟通，保险公司无法完全了解被保险人的风险，投保人因为客观原因不能将自己的投保信息披露给保险公司，或因为逆向选择故意不履行如实告知义务，这些都导致了互联网保险的信息不对称，因而会加重保险公司的经营风险。与实体交易不同，网络销售依托的是互联网的虚拟交易市场，互联网保险也不例外。另外，由于我国目前的征信系统并不完善，也导致了我国目前诚信缺失现象严重，这些都导致了互联网保险网络欺诈现象的发生。

3.产品设计风险

在互联网保险公司设计、上线新产品时，不仅要关注产品本身的设计，还要考虑到线上投保流程的操作，比如在线咨询、投保方案展示、风险提示、保单检验、理赔查询、后续服务等基础服务。总体来说，目前我国互联网保险产品呈现出低价值、低黏度、同质化的特点，在产品属性设置、产品定价、产品附加服务、产品结构等方面都有一些不足。

一是保险公司为了吸引消费者，增加保费收入，以较高的收益率将互联网保险产品打造成纯粹的理财产品，脱离了保险的实质；二是互联网保险兴起时间不长,缺少关于保险数据方面的积累,在新产品开发的定价中存在不可避免的风险,需要根据市场条件强劲或者低迷来判定。比如,在市场整体表现良好的时候,投资连结保险的销量较好,就会造成一些万能险的退保;三是产品的附加服务(除基本保险责任以外的服务)没有得到深度挖掘,不能建立客户对品牌的忠诚度,降低了客户黏性。四是虽然互联网产品种类较多,但是产品大同小异,缺乏创新。

4. 操作风险

根据《巴塞尔新资本协议》,操作风险可以分为由人员、系统、流程和外部事件所引发的四类风险,可见操作风险与其他风险关联紧密,甚至是引发其他风险的重要因素。近几年,操作风险得到了国际金融界的高度重视,因为金融机构数量与日俱增以及产品的多样化和复杂化使得操作上的失误可能带来极其严重的后果。互联网保险平台的虚拟化,导致保险公司不好排查因客户操作带来的多种风险原因。公司业务员因操作不娴熟而导致的保单失误,可能经由互联网发酵,带来恶劣的影响,如果有大量业务到来,会增加出单员在出单时出现失误的概率。

5. 声誉风险

声誉风险是由于声誉事件的发生导致公众、企业对公司评价下降,从而对公司造成危险和损失的风险。保险公司利用互联网的便利性向广大互联网用户推广保险产品的同时,也要注意到互联网消息的快速流通会让一个小的失误、声誉上的瑕疵、客户的不满等不利消息迅速扩散。若保险公司不能很好地处理日常工作中发生的问题,一旦被互联网传播,势必会严重影响公司的声誉,造成客户流失和潜在客户的不信任。另外,除了专门的互联网保险公司,互联网保险业务的保费收入占保险公司保费总收入的比重较低,很难得到管理层的重视,导致保险公司对于互联网保险声誉风险的控制和处理力度不足。

6. 法律风险

目前,除了《网络保险监管工作方案》《互联网保险业务监管暂行办法》等法规办法,以及分散在《保险法》《电子签名法》和《合同法》中的相关条款,还没有出台完整、专门的互联网保险法来规范互联网保险市场。虽然经过几次修订后的《中华人民共和国保险法》有助于维护保险市场的运行秩序,但整部法律主要是针对线下传统保险业的。如今,互联网保险的发展超出预期,新的问题接踵而至,我国相关配套法律存在一定的滞后性,很难满足互联网保险的实际发展要求。对保险公司而言,在出现法律纠纷时,法院认为保险公司具备更多的信息优势,会更多地支持消费者的利益诉求,使得保险公司处于劣势;对客户而言,由于互联网相关法律法规不健全加之对保险知识缺少了解,一些客户购买的保险产品并不能完全覆盖自身的风险需求,易造成经济损失。无论是保险公司还是个人受到利益损失,都会对整个互联网保险行业产生消极影响。

(二)互联网保险监管

1.监管主体与监管对象

(1)监管主体

保险行业的监管主体,一般主要都是政府部门专门设立的监管机构,我国的监管机构以中国银行保险监督管理委员会(简称银保监会)为主。2015年8月10日,中国保险行业协会互联网保险分会成立,这标志着专门针对互联网保险发展的专门组织成立。

互联网保险监管部门从业务经营角度包括业务监管处、稽核监察处和授权认证处。职能分工为:业务监管处负责财险与人身险的监管;授权认证处主要审查互联网保险平台的经营资质、互联网保险保费的安全支付、合同双方信用维护及互联网技术维护升级等工作;稽核监察处从事专门调查违法和违规行为,控告、处理投诉等相关事务。

(2)监管对象

监管对象主要是指互联网保险公司。随着互联网保险开始蓬勃发展,不健全的市场机制、法律法规不完善、监管力度不够等问题日益显著,使得互联网保险的市场竞争不规范。这严重影响了互联网保险的社会公众形象,损害了保险行业整体的利益。因此,亟待出台制度以约束互联网保险中的损害行业利益的行为,打击不正当的竞争手段,健全互联网保险平台的自我约束与管理机制。

2.完善互联网保险监管措施

(1)市场准入与退出的弹性安排

互联网保险市场的准入需要考虑很多的因素,主要有互联网安全技术、信息披露、公司内部管理、网上支付平台资质及安全保障等方面。国家政府应该制定严格的准入条件,灵活审批互联网保险的业务,同时依靠市场本身的调节机制,保持市场活力。确定保险机构具备开展互联网保险业务相关基本条件,在鼓励互联网保险业务开展的同时,要采取灵活的市场准入机制将更有利于互联网保险市场的可持续发展,并维护保险消费者的权益。

（2）网络安全与道德风险的双重考量

互联网的特征决定了互联网安全操作的复杂性和特殊性。在整个互联网安全维护中，安全定位是放在首位的。主要体现在：第一，保障运行安全。互联网保险的信息技术标准需要得到确立，同时还要经营互联网业务的保险公司加强对电子商务平台的建设。一方面，设立标准互联网业务流程；另一方面，信息投入力度的加大，加强互联网安全的建设，健全互联网保险业务的运行风险评估体系。第二，保障交易安全。出台互联网保险的监管规定，成立互联网保险的专门监管机构，配备高素质监管人才与干部，加大对违法经营互联网保险业务的相关查处力度。第三，保障信息安全。监督保险公司对影响互联网保险业务的信息安全风险进行防范，确保核心的业务经营数据的运营安全，确保信息系统不被"黑客"攻击，保证保险消费者的投保信息安全，确保电子保单内容的不可篡改性与客户个人的隐私信息安全。

保险领域的不断扩大，特别是互联网保险的快速发展，加之相关法律法规还不够完善，一些不法之徒开始利用互联网技术手段，牟取个人利益。道德风险如果未有效地抑制，互联网保险的经营与发展也会受到一定的影响。对于道德风险的监管，应做到以下几点：

第一，保险利益原则与保险损失补偿原则的明确。在互联网保险的监管中更不能脱离这两个原则。只有明确和坚持此原则在整个互联网保险中的运用，才能有效地抑制道德风险的出现。

第二，风险评估机制的建立。市场经济中信用价值是巨大的，市场风险若形成了客观的评价体系，这对整个社会的交易成本都会有很大的节省。保险公司通过风险评价体系能够对投保人的信用情况进行了解，可以在一定程度上缓解和抑制道德风险的发生。

第三，保险公司信息共享。当保险行业中的各个公司都开始建立信息共享机制后，将会对保险交易中的所有参与人的行为产生一定的正面影响，对保证未来交易的顺畅，抑制道德风险的出现有积极作用。

（3）保险人才的开发与培育

互联网保险的监管人才所需要的知识跨度较大，其中不仅包括保险学、管理学、法律法规等，还应包含互联网信息技术的相关知识。具体培养时应注重培养复合型的人才，为互联网保险提供优质的人才储备；另外，建设现有人才资源，减少培养周期和提高人才的成长效率。同时要加强保险行业协会与互联网保险平台的协助作用，从保险法律法规、保险产品知识、互联网销售技能等多方面对保险业务人员进行培训。

(4)法律风险的防控及规避

目前互联网的快速发展导致我国的互联网管理法规相对滞后。2011年以来,保监会出台了部分规范互联网保险的文件与法规,旨在保护投保者的权益,促进互联网保险的健康发展。互联网保险有其独有的特征,它脱离了时间和物理空间的限制,这增加了对统一、适用宽泛的法律的需求。互联网保险需要一个统一的成熟法律体系调配,在保险交易过程中对客户的信息安全与合法权益进行保护,并解决纠纷与防止诈骗发生。政府应在市场准入制度、税收、赔偿、交易监督等方面制定法律法规规范市场参与者行为。

互联网保险发展的先决条件是互联网的安全保证,其任何发展和创新须建立在安全的基础上。保监会可通过积极地制定法规、建立高效的风险控制体系,及时地采取或变更防范的措施,避免互联网保险风险的发生,保证互联网保险市场的有序运行。互联网系统的安全性是个人隐私保护的屏障,安全问题是发展互联网保险的关键,我们必须重视和加强保险公司的网站基础建设,采取有效策略阻碍保险欺诈,提倡互联网保险经营者建立数据的交流渠道,共享保险欺诈与欺诈人员的交流信息,共同打击互联网保险欺诈。

(5)平台化建设

安全在保险交易中永远是处于首要位置的,保险网站平台面临着市场交易的风险、信息技术的风险等,这直接威胁到平台网站的健康发展,需要积极防范。基于安全观的支付平台选择,将极大地降低消费者的互联网支付风险。

保险公司官方网站与互联网保险平台是平行的竞争关系,怎样处理好竞争与合作,给消费者最大让渡价值的同时,又使企业在激烈的市场竞争中立于不败之地,这是互联网保险公司经营管理者们的一大难题。解决这一难题的途径在于,注重互联网平台的商业信誉,以高的商业信誉来提升消费者对保险产品的信任度,只有当买方对互联网平台有较高信任度时,保险产品所传递的信息才会真正被消费者接纳[①]。

---

① 任舒倩.我国互联网保险的风险评估[D].长沙:湖南大学,2019.

第三篇

金融安全与诈骗防范

第八章 电子商务诈骗的防范

第一节 第三方支付

一、第三方支付的基本概念

第三方支付是指具备一定实力和信誉保障的独立机构,采用与各大银行签约的方式,提供与银行支付结算系统接口的交易支付平台的网络支付模式。在第三方支付模式中,买方选购商品后,使用第三方平台提供的账户进行货款支付(支付给第三方),并由第三方通知卖家货款到账、要求发货,买方收到货物,检验货物,并且进行确认后,通知第三方付款;第三方再将款项转至卖家账户。

通过第三方支付平台,人们可以更为简单便捷地通过电脑、手机进行银行转账、信用卡还款、充值购物、日常缴费,甚至投资理财。目前,我国第三方支付业务已延伸至存款、理财、信贷、国际结算等传统银行业务,成为我国网络金融的重要组成部分。像"支付宝""财付通""微信支付"等,是大家最常见的第三方支付工具。

但是,基于互联网新型支付技术的第三方支付,交易环节中暗藏风险,其中涉及大量资金的进出,第三方支付也成了一些不法分子盗窃、诈骗的新目标。用户通过第三方支付购买商品时,有些无须事先开通网上银行功能,只需提供银行卡卡号、户名、手机号等信息,待验证后通过动态口令或第三方支付密码即可完成交易,这类新型支付模式在提升交易效率的同时,也放大了交易风险。有统计显示,超过六成的盗刷都通过第三方支付平台完成,而且盗刷手段也非常多,如设立伪基站进行电信诈骗,对电脑或者手机植入木马病毒盗取个人信息,通过钓鱼网站诱骗银行持卡人进行网上支付,或者补办手机号码截取验证码等。

二、案例

上海的吴女士在银行柜台办理取款业务时,突然发现卡内的47,139元不翼而飞,便马上将余额取出,并立即前往派出所报案。随后,吴女士又仔细查看了银行卡的交易明细,被吓了一跳!她的卡居然在短短四天内从第三方支付平台被盗刷了28笔。为讨回损失,吴女士同时与第三方支付平台和银行进行交涉。不久后,一笔17130元的款项退回了银行卡内,系第三方支付平台先行赔付的款项。但是,对于剩余的钱款,银行和第三方支付平台均未给吴女士明确的答复。为了尽快挽回损失,吴女士一纸诉状,将银行告上了法庭。

"我认为可能是银行将我的信息泄露出去的,我从未办理过网银功能,也从来没有使用过这些第三方支付平台。"吴女士这样陈述。被告银行辩称,所有的交易是基于原告授权给第三方支付平台发送的短信验证码,通过验证码才能交易,被告的操作无过错。

三、防范指南

(一)不贪便宜

购买网络虚拟产品一定要到正规官网购买,遇到低价出售QQ币或游戏装备时一定要提高警惕,以免上当受骗。

(二)不要告知别人手机验证码

在利用银行卡购买商品时,当点击确认支付链接后,手机会收到支付验证码,同时短信内容上有真实的交易价格,购买者需看清金额再支付。

(三)仔细甄别,严加防范

虚假网站虽然做得惟妙惟肖,但若仔细分辨,还是会发现差别。要注意域名,虚假网页再逼真,与官网的域名也是有差别的,一旦发现域名多了"后缀"或篡改了"字母",就一定要提高警惕了。

第二节 电商托管

一、电商托管的概念

电子商务托管是一种新的商业服务。电子商务本身是一个复杂的过程,需要技术和市场营销的双重支持,在网络日渐重要的当今社会,中小企业一方面迫切希望能通过网络开展电子商务,另一方面又受到经验少、专业人才缺乏和成本高企的限制。因此电子商务托管服务应运而生,企业以合同的方式委托专业电子商务服务商为企业提供部分或全部的信息技术、产品或服务功能，从企业在互联网上的"包装""宣传"和"销售"三个要点出发，提供以网站建设、网站推广和网上贸易为重点，相关服务为辅助的一系列服务。

二、案例

吴小姐没想到，通过某大型房产经纪公司门店租的房子，在一年租期到了之后若想要续租，还要再缴纳一次中介费。

"租房签合同的时候，房产中介并没有跟我明确提过。"吴小姐说。

吴小姐通过拨打房产中介的客服电话咨询后了解到，她租的房子属于托管房，房租收取方式就是如此。吴小姐继续说，在租房时她还有一个疑问，就是当时签合同的时候实际上签了两份合同，一份是经纪机构代理成交版，一份是经纪机构居间成交版，且合同上还出现了一个她从未听过的机构——某爱家营企业管理有限公司（以下简称爱家营）。

"当时也没想那么多就签了。"吴小姐说。

吴小姐向记者提供经纪机构代理成交版合同显示，该合同签署人只有两方，甲方为房主，房主的代理机构并非该房产经纪公司，而是爱家营，合同上盖的章也是爱家营的公司章，乙方为吴小姐。在那份经纪机构居间成交版合同上，甲乙双方未变，增加的丙方为该房产经纪公司，该房产经纪公司的身份是居间人。

"签合同时，房产经纪公司的经纪人并未解释为何要签两份合同，也未解释为何第一份合同的代理人为爱家营。"吴小姐说。

法治周末在采访中了解到，有租房者称甚至都没注意到合同上有爱家营的身影。

该房产经纪公司客服人员告诉法治周末记者，爱家营为该房产经纪公司的子公司，主要负责公司旗下的托管房业务，而且该公司的托管房业务都是要签两份合同。

为何托管房的佣金需要一收再收？为何通过该房产经纪公司门店租的托管房需要签两份合同？

第三节 团购陷阱

一、团购概述

由于经济的发展社会的进步,人们购买团购物品也拥有了更多的选择方式。由单一的凭优惠证供给制度转变成为商品自由交易,因为可选择机会多了,相对来说买卖所产生的弊病也随之增加。以前我们购物就挨宰,现在换成被团购宰了……

团购,就是大家通过网站联合成一个大客户,企图和商家讨价还价,从而奢望拿到一个最优惠的价格,这个以利益为先导的做法本来是会降低挨宰风险的,但是,问题就出在"网络"二字上。

团购网站的陷阱主要方式有:

一是"克隆网站"陷阱。有的网站采用与知名网站类似的名称、界面,以蒙蔽网民;

二是"商品信息误导"陷阱。网站上团购的照片与实际不一致。

三是"服务"陷阱。提供团购服务的商家对"团购"客户另眼看待。

四是带"附加条件"。部分团购信息看似极为优惠,但加上了"附加条件",实际带来的优惠明显减弱。

五是"团购量"陷阱。利用虚假的团购人数造成热抢的假象。

二、案例

2015年10月5日,身在外地的陈先生在汽车网络论坛上看到超低价一起团购汽车的帖子,一辆国产小轿车通过团购,可以便宜将近5万元,于是陈先生拨通了帖子上的电话,对方告诉他到北京市海淀区某汽车团购店就可以买到车。陈先生赶到北京的汽车店后,签订合同并交了2.5万元的定金。它事后发现自己参加团购买车,不但没便宜反倒被敲诈了2.5万元。

三、防范指南

团购相关诈骗或诱导消费的花样虽然不断变化,但大都离不了"低价和优惠"的路子,警方提示:

一是看团购网是否公司化运营,网站版权页面有无运营企业名称及地址、电话、负责人等信息。优先选择专业团队运营的、规模较大、口碑较好的团购网站。

二是不要被价格和折扣迷惑,团购前要看清网站对商品的细节描述、消费规则,多与网站客服联系,咨询清楚后再下单,且要注意保存相关消费凭证。

三是注意团购网站及相关商家的知名度、口碑和服务能力。

四是团购网站需要人气来烘托,消费者要明辨其中的虚假和交易数据。不要盲目跟风下单,要根据自己的需要购买。

五是数额巨大的团购一定要谨慎。一定要求使用第三方支付担保交易的方式,或要求货到付款;不能随便将巨款通过网银预付给对方。

第四节　网购秒杀

一、网购概述

在网络购物中,商家为了吸引顾客前来购买,纷纷使出不同的促销手段,秒杀便是其中的一种。秒杀就是以超低价限量购买促销商品,一般顾客会在同一时间去抢购该物。

越来越多的网店推出"秒杀"活动来增加人气,"秒杀"原来是电脑游戏中的名词,现已延伸到网络购物,成为网络购物中最流行的一种购物方式,而在网购"秒杀"过程中,有的"秒杀"商品货不对板,有的在低价"秒杀"某个商品后却需要付超过一般运费的费用,有的"秒杀"商品还不实行三包……网购"秒杀"也有陷阱。

网购"秒杀"指网络卖家发布一些超低价格的商品,有的仅为"1元""10元",让所有买家在同一时间通过网络进行抢购的一种促销方式,由于商品看起来性价比高,往往活动一开始就被抢购一空,所需时间甚至以秒计算,在网络上"秒杀"到自己心仪的商品是时下网购者热衷的一种购物形式。但是有很多"秒杀"都名不副实。

二、案例

"秒"到了99元的钻石戒指,正当网友高兴不已的时候,客服人员却通知她,赶快补足尾款,在客服人员的引导下,她在网页的一个不起眼角落处看到了"秒杀必读"的链接,原来此次秒杀的商品只是钻戒上的钻石,戒托不在秒杀范围之内,需要额外付费 1299 元购买。

让买家们"二次消费"也是一些秒杀店的惯用招数,因为要打动买家的心,秒杀商品自然得超低价,这时为了不亏本,有的卖家就在附加条件上做手脚,一位被二次消费的买家张小姐介绍,上次她"秒"到了一条长裙 20 元,但卖家要她再加 30 元,因为衣服上的一条腰链是需要购买的,最后她只好多掏了 30 元。

三、防范方法

第一,虚拟网店尽量"实体化"。网络购物最大的问题就在于是虚拟购物,一切交易都在网上进行,那么就要尽量让网店"实体化"。所谓"实体化"就是让消费者购物的网店看起来"靠谱"。比如注意识别正规购物网站:正规购物网站在网页下方都有工信部 ICP/IP 地址信息系统备案的字样,并有工商部门颁发的"红盾"标志,有的大型网站还有网络警察;正规购物网站一般都有"网上支付"等支付工具和"货到付款"等配送服务。

第二,对于淘宝上的店铺,消费者也要选择信誉好、实力强、售后服务有保障的商家。要查证商家名称、地址以及所销售商品的真实性,多看看买家评论。如所购商品在当地商店有售,可先对其质量和效果进行了解,再对照在网上购买。

第三,支付方式选择"货到付款"。货款支付最好选择"货到付款"方式。如需先付订金或全款,则采用第三方支付平台(如支付宝客服)。如商家要求通过银行或邮寄直接到账,请勿购买。

第四,保留好交易记录及各类凭证。消费者在网络购物中一定要保留好交易的所有相关信息,如要求商家提供购物发票、商品合格证以及"三包"凭证,包括商家提供的原始清单、电子邮件或聊天记录、商品包装等。这样在遇到消费纠纷时,才能有据可查。

第五,所购商品寄到后,要先亲自验货合格后再签收。

第六,遇到"秒杀"不要激动,要消费理性。

第五节 众筹诈骗

一、众筹概述

众筹即大众筹资或群众筹资,由发起人、跟投人、平台构成。具有低门槛、多样性、依靠大众力量、注重创意的特征,是指一种向群众募资,以支持发起的个人或组织的行为。一般而言是透过网络上的平台连接起赞助者与提案者。群众募资被用来支持各种活动,包含灾害重建、民间集资、竞选活动、创业募资、艺术创作、自由软件、设计发明、科学研究以及公共专案等。

众筹不是非法集资,但是有很多不法分子利用众筹平台进行诈骗活动。

二、案例

2016年3月,学院路上的"高校圈"被一件事"刷屏",那就是由北京十余所高校的若干同学共同发起,"众筹"200万元巨资开设的餐厅"后会友期"。高校大学生少则几千、多则上万,转身成为股东。

然而不到一年时间,"后会友期"被曝关门。据股东之十的小段介绍,他为项目投了一万元,周围的朋友、同学加一块也投了几十万元。餐厅第一家店位于六道口,去年3月开业。根据协议,到去年11月份,在满足条件的情况下,股东可合理退出。小段向"后会友期"负责人提出退股,但却遭到推诿。

就在2017年2月初,小段的朋友到"后会友期"餐厅吃饭时,发现餐厅已经关门,而且早就交给了第三方运营。此时股东们才知道,餐厅已亏损上百万元。小段称,实际上,第二家餐厅魏公村店也已经众筹了200多万元,但第二家店也没开成,钱的去向不明。

小段及数十位股东要求负责人公开财务报表,一致认为短短几个月,餐厅不至于这样亏损,之前半年还是有盈利的,去年9月份每个股东还发了300元钱的分红。然而负责人仍旧推诿,不给明确答复。

三、防骗指南

首先,投资人在参与众筹项目时,务必对项目进行认真考察和分析,防止上当受骗。

其次,发起众筹的创业者们,一定要选择适合自己项目的众筹模式和结构,预估项目的风险以及自己的承受能力,切勿盲目创业众筹,害人害己。

最后,众筹平台网站应该严格把关,更加谨慎地审核其团队和产品,让那些投机分子无空可钻,确保投资人的资金安全。

第六节 网络炒汇

一、网络炒汇概述

网络炒汇,一般由境外投资公司提供网络交易平台,经境内投资咨询公司或个人,网罗境内居民从事外汇保证金交易,包括外汇期货交易和外汇按金交易,实践中以外汇按金交易居多。外汇按金交易时交易者只付出 1%~10%,甚至更低比例的按金,即可进行 100% 额度的交易,通过交易平台将保证金放大几十倍甚至百倍进行外汇双向买卖。可是,在这股热潮中,不少虚假交易平台应运而生,它们往往号称公司是有着海外雄厚实力的投资公司,而且还会在"高大上"的大厦中租用写字楼。可是,一旦投资者将钱转入这些平台的账户后,最终的结果却是平台关闭,人去楼空。

二、案例

2015 年 6 月,家住花溪街道的汤某见股票行业渐起,就准备投身股市捞金,但因缺乏专业知识,便在网上加入了一些经验交流的 QQ 群。随后,便有一网友主动加其为好友,在闲聊之际不时询问汤某炒股战绩,称自己有专家老师指导,可以短时间内赚取高额回报,并截图展示自己的赚钱记录,还不时发布一些开豪车图片"露富"。

汤某见对方炒股赚得豪车豪宅,自己也有部分炒股经验,汤某便逐渐相信对方,决定投身股市大捞一笔。在"高人"推荐下,汤某慢慢接触到"炒外汇"。"高人"告诉汤某,外汇收益更高、挣钱更快,每笔交易只需要收取 850 元手续费,投入 8000 元一次交易需要收取 850 元,但是比起"炒外汇"带来的收益这只是九牛一毛。

虽有部分炒股经验,但汤某并未接触过炒外汇,心中难免会有顾虑,但汤某见该外汇公司执照齐全,网站正规,参与的股民众多,且还有"高人"指点,汤某便决定赌一把,将卡内 30 万元资金全部转入推荐平台。

不料,一夜之间 30 万元全部亏损,几乎让汤某倾家荡产。

三、防骗指南

在网络炒汇中,投资者受投机心理驱使步入泥潭。参与非法网络炒汇的投资者,无一例外地要么本金亏完,要么被骗完。所以,投资者要慎重对待网上炒汇,学习更多的防骗招数对付骗子的虎视眈眈。

(一)投资者要看紧钱袋子

最重要的是,网络炒汇的交易资金没有任何保障。投资者交存的保证金,存到指定的某个账户,即使想中止交易也拿不回属于自己的资金。所以不要轻易把兜里的钱掏出去。

(二)判断代理人的真材实料

因为是根据自定的"行情",代理人以自己所谓的"专业"判断,往往误判汇价走势,造成投资者的错误操作,或强制投资者买空卖空,造成交易人的亏损。绝大多数投资者都是先小赢几手,最终以大亏告终。网友有必要在接触中摸清代理人到底有多少斤两。

(三)选择合法正规的外汇投资

非法网络炒汇从侧面折射出受害者对合法正规的外汇投资渠道和理财产品了解不够。随着外汇管理政策不断改革和完善,银行、保险公司、券商等金融机构不断推陈出新,除B股外还有银行外汇实盘买卖、QDII(合格境内机构投资者)产品等多种外汇投资理财产品,虽然不可能获得暴利,但风险相对小得多,更适合普通投资者。

(四)捕捉对方行骗的线索

不法分子为招徕顾客、吸引眼球,都会打出非常具有诱惑力的宣传广告,这固然会蛊惑一部分投资者上当受骗,却也给违法行为贴上明显"标签"。例如多笔资金汇往境外某一个或几个账户的异常情况,根据这条线索,就能很容易地查出境内非法网络炒汇的组织者。所以,一旦陷入圈套,要及时报警,向警方提供有利线索。

第七节 网络理财

一、网络理财概述

网络理财是指投资者通过互联网获取商家提供的理财服务和金融资讯，根据外界条件的变化不断调整其剩余资产的存在形态，以实现个人或家庭资产收益最大化的一系列活动。

随着互联网理财的兴起，一些以高回报为诱饵的网络理财骗局也混入其中，例如时下较热门的虚拟货币投资、互助盘投资等。很多人因贪图高收益，最终却连本金都被"套牢"。

事实上，这些网络理财骗局基本上都是"庞氏骗局"，实质就是空手套白狼，用新加入者的资金来支付先加入者的利息，一旦新资金进场乏力，资金链断裂，就会导致崩盘，使得很多投资人血本无归。

二、案例

莫先生在网络聊天时被人拉进一个炒股交流群，群里有一位网友发言非常活跃，经常给大家介绍炒股知识、经验，教大家操作。一段时间后，群里都比较信任他。股市火的时候，大家都讨论股市，股市行情不好后，他又在群里教大家炒现货原油，并经常截图自己操作的盈利，每天少则几千，多则几万，大家看了都很眼红。莫先生因为炒股失利，亏了20多万，想着怎么赚回来。看着这位群里这位大牛每天赚钱，就主动加了他好友，请教他如何操作。

随后，"大牛"把莫先生拉入了一个原油现货交流群，并把自己的投资顾问介绍给了莫先生。莫先生在"投资顾问"的指导下，在深圳石油化工交易所188号会员单位开了投资账户，把在股市亏损剩下的钱全部转到这个原油投资账户里（行话叫"入金"）。"入金"后，成为群里正式的投资者，投资顾问发来交易软件和操作教程，指导他安装和操作。莫先生开始了"发财"之旅。

交易的手法是根据国际原油的价格，平台报出中间价，投资者买涨或买跌。刚开始莫先生赚了两笔，小赚了几千块钱。后来就只亏不赚，价格走势完全是和他买的方向相反。短短几天，从股市转出来的20几万只剩下了几千元。莫先生感觉不对，网络一查才知道，自己又中招了。

三、认清常见骗局

从以下几个方面深度分析网络理财骗局,有助于帮助人们认识真相,防止被骗。

(一)虚构交易平台,使用模拟的交易软件

诈骗团伙往往虚构一个高大上的公司,传送给投资者的是一个模拟交易的软件,软件由他们控制。软件里大宗商品的行情、价格走势都是他们自行设置,然后和投资者反向炒作。你买涨,他就买跌,让你亏钱。这种虚构平台的方式随着企业信息的全国公开公示,已不常用,投资者很容易就能查证假平台。

(二)冻结客户账户,延时交易

在投资者盈利的时候,冻结投资者账户,使其买入之后不能正常卖出,然后其他操盘手将价格方向拉大,让投资者实际盈利变亏损。

(三)在客户盈利时,强行平仓

美其名曰,避免你亏损。因为交易软件他们有后台控制,发现投资者盈利时,强制平仓。因为投资者往往都是网络开户,一无合同,二不知公司名称地址,往往被强制平仓后,无能为力,求告无门。

(四)交易平台中设置虚拟账户

对该账户虚拟注资,进面通过虚拟资金控制交易行情,致使受害人亏损。

(五)放大交易杠杆

设置资金放大比例数十或数百倍于受害人的"主力账户",进而通过放大后的资金优势操作、控制市场行情,使受害人亏损。

(六)进行"滑点"操作

按照商品的正规交易盘买卖,但在客户的成交金额上进行少量的增或减,使客户少盈利或多亏损,从中牟利。

(七)代客频繁交易

赚取高额手续费、收取客户仓储费、加工费、盈利分成等,让投资者遭受损失[①]。

---

① 卜卓,卢歌.电信互联网诈骗防范一本通[M].北京:北京邮电大学出版社,2020.

第九章 电信诈骗的防范

第一节 身份证信息被冒用

一、概述

近年来,"有心人"用捡来、买来、偷来、骗来的身份证进行非法活动的案件屡有发生。身份证资料被冒用带来的问题不容忽视,这是不少电信诈骗案件的核心环节。特别是一些不法分子利用虚假身份证件、盗抢得来或他人遗失的身份证件,企图办理开户、贷款、注册公司或诈骗的事件时有发生,若银行未能审核、审查出伪造的或冒用他人的身份证件办理银行业务,就会引发诈骗案件或金融案件。

二、案例

某银行网点一客户持身份证件办理大额现金取款,柜员在审核客户证件过程中,感觉客户相貌与证件照片有差异,遂询问客户该证件是否为本人,客户回答是本人并声称证件为多年前核发,几年来容貌发生一些变化在情理之中。交易完成后客户习惯性地签了自己的名字,与身份证名字不符,于是柜员抓住疑点再次询问客户身份,客户态度十分蛮横,一口咬定是本人,并对营业厅内其他不明就里的客户宣称银行柜员故意刁难她,签名错了,改了就是。现场管理人员与柜员并未被客户的行为所蒙蔽,再次仔细辨认发觉不是本人的可能性很大,最终客户承认是冒用其妹妹的身份证进行取款。柜员随即将取款进行了反交易,拒绝了该客户的取款要求。

三、防骗指南

一是个人的身份证复印件不要随便外借,平时不要保留身份证复印件,随时用随时复印,复印后要销毁残次品,以免留下隐患。

二是一旦要求必须使用身份证复印件,必须问清用途,在给别人用于备案的身份证复印件上写明用途,标注文字应覆盖在身份证的影像之上,但不要遮挡证件的内容。

三是金融消费者要提高金融安全意识，不要随意将身份证、房产证、户口本等重要身份证明文件外借，即使对关系亲密的人，也要有风险防范意识，否则出现纠纷会存在举证困难问题。商业银行也要加强对金融消费者安全意识的宣传教育，让消费者的权益切实得到保障，从源头上减少纠纷或投诉的发生。

第二节 盗取银行卡密码

一、概述

不法分子通过冒充银行工作人员通过短信、电话等方式向受害人发布银行卡被扣除费用、透支或银行卡需进行升级保护、口令过期升级等虚假信息，引诱受害人按其提示将钱款转至指定账户。通常有两种方式，一是向受害人发布银行卡有关业务的虚假信息后，以确保受害人银行卡账户安全为由，提示受害人到自动柜员机进行升级保护或转至安全账户，在操作过程中，诱使受害人转账至指定账户中；二是发布虚假信息后，提供一个网址提示受害人进行操作，诱使受害人将银行卡账号及密码输入网页，从而将受害人卡内的钱款转至其账户。

二、案例

年轻白领丁小姐，在新天地附近一家外企上班，早上七点起床时，她看见手机上有两条来自银行和手机运营商的短信，发送时间分别是凌晨3:43和4:12。起初她以为是发错了并没有在意，但涉及银行，保险起见丁小姐还是查了一下自己的账户，谁知道，10万多元的余额在一夜间归零。

丁小姐的噩梦并没有完。在余额被盗之后，她还遭遇了信用卡被盗刷，甚至"被申请"了7万元的浦发银行"万用金"贷款，而这些债务，自然都算到了丁小姐的头上。

所有的这一切都是从凌晨收到的那两条蹊跷的短信开始的。第一条来自银行的短信表明，犯罪分子已经登录了丁小姐的银行账户。那么银行账户是怎么被攻破的呢？

犯罪分子找来一些黑客，自己写了软件来扫各类网站，将批量生成的电话号码输入进去，把电话号码所对应的登录密码扫出来。这在业界被称为"撞库"。这种简单粗暴的方法，直接得到了用户最关键的登录信息，相当于偷取了用户的网络身份。撞（数据）库的速度也很快，每分钟就能扫1000个，而据民警透露，成功率在50%以上。

利用撞库攻破密码登录了网银之后，要想转账，绕不过的还有一步——随机验证码。现在的金融机构采取的都是双因子认证，也就是说有两把钥匙，其中一把钥匙是用户自行设置的密码，这是只有用户自己知道的；第二把钥匙是银行随机发送到用户手机的验证码，这是用户和银行事先都不知道的。只有这两把钥匙同时开锁，才能顺利使用转账等金融业务。要拿到验证码，自然需要再攻破你的手机，读到你的短信。到这个地步，你以为你的手机账户还是安全的吗？

三、防骗指南

首先是不怕麻烦，密码设置和保护要注意安全性。在设置密码的时候，市民切忌把密码设置成与本人明显相关的信息（如姓名、生日、常用电话号码、身份证件号码等）作为密码。而对于查询密码和交易密码也应分开设置。比如网上交易需要输入密码的时候就要多留心，在不能确保所登录的网站不是钓鱼网站的情况下，建议退出，以免资金遭受损失。而刷卡交易需要输入密码的时候，切忌不遮挡就直接输入密码，也不能因为要记忆多个密码，怕忘记就记录在纸上或者手机里等。

其次是学会保护个人信息和多询问了解。人们在日常生活中难免要遇到一些需要填写个人信息，或者填写相关个人信息就有礼品领取等情况，这个时候要综合考虑，在不清楚所填写的个人信息被用于什么用途，或者认为其可信度不高的情况下，建议了解清楚后再决定是否填写。而对于手机上收到的短信或者是陌生人打来的电话等相关现象，凡是涉及需要资金支出的，建议通过多方了解、询问，不可自己单独处理。

最后要特别提醒，如今短信验证码应用得十分广泛，市民在进行转账等交易的时候通常会收到短信验证码，此时切不可泄露短信验证码，不然就有可能因此而损失相应的资金。

第三节 助考骗局

一、概述

每年各类考试前夕,不少考生都会收到类似"交钱包过""绝密考题""助力考试"等短信,这类信息多是骗子趁机采取的诈骗伎俩。行骗过程中,诈骗者首先通过各种渠道获得考生的姓名、手机号码、报考职位等信息,然后群发短信,称自己可以提供内部答案或者"包过"服务。一旦有人与诈骗者联系,诈骗者会提供账号以供考生汇款,考生及家长支付相关款项后,骗子就会切断联系。由于买试题作弊本身就是违法的,更多的人在上当后只能选择吃"哑巴亏"。

二、案例

2015年3月,一名考生收到短信称,可为其免试获得注册会计师证书,承诺有考试成绩,成绩合格后付款。这名考生信以为真,回复了自己的身份证及考号。考试结束后,这名考生登录相关网站后发现,自己的成绩确实显示为"合格",便将3万元汇到对方指定的银行账号,之后便再也无法联系到收款人。这名考生再次登录网站发现,已无法查询"考试"成绩。

经查,2014年上半年,李某和王某合谋实施诈骗,两人通过邮件群发系统,向未通过注册会计师考试的人员发送100余万封电子邮件,称缴纳3万元便可包办注册会计师证书。王某指使温某对相关省份注册会计师协会官方网站实施黑客攻击,将有意购买假证的考生名单和成绩挂在相关网站上供考生查询。79名有意购买假证人员中,共有31人汇款,转账金额共计91万余元。

三、防骗指南

助考诈骗能屡屡成功,个人信息泄露是源头。不法分子通过多种途径非法获得个人信息,如有人假装调查公司街头随机问卷调查,向路人发放调查问卷,获取路人手机号等。考生要注意保护个人隐私,一方面切勿随意留下个人信息,特别是尽量不要在公共电脑上登录考试报名系统进行报名,这样容易被公共电脑上的木马程序窃取个人信息;另一方面,在收到陌生短信或接到陌生电话时要提高警惕,不要有金钱往来,避免损失。

任何声称可提供答案者一定是骗子,考生切勿相信此类信息,应积极与考试机构联系,为公安部门网络管理机构进行调查提供线索。考生应该注重考前的复习,不要寄希望于其他的不法途径,只有扎实备考,才能顺利通过,不能存在侥幸心理和投机思想。

第四节 伪基站群发短信

一、概述

"伪基站"即假基站,设备一般由主机和笔记本电脑组成,通过短信群发器、短信发信机等相关设备能够搜取以其为中心、一定半径范围内的手机卡信息,利用2G移动通信的缺陷,通过伪装成运营商的基站,冒用他人手机号码强行向用户手机发送诈骗、广告推销等短信息。

伪基站设备运行时,用户手机信号被强制连接到该设备上,导致手机无法正常使用运营商提供的服务,手机用户一般会暂时脱网8~12秒后恢复正常,部分手机则必须开关机才能重新入网。此外,它还会导致手机用户频繁地更新位置,使得该区域的无线网络资源紧张并出现网络拥塞现象,影响用户的正常通信。

犯罪嫌疑人通常将"伪基站"设备放置在汽车内,驾车缓慢行驶或将车停在特定区域,进行短信诈骗或广告推销。短信诈骗的形式主要有两种:一是嫌疑人在银行、商场等人流密集的地方,以各种汇款名义向一定范围内的手机发送诈骗短信;二是嫌疑人筛选出"尾数较好"的手机号,以这个号码的名义发送短信,在其亲朋好友、同事等熟人中实施定向诈骗。

二、案例

2015年2月初,市民郑女士在上班时收到"10086"发来的一条短信,称郑女士有大量积分,可以兑换一笔金额不小的话费。10086经常发送一些话费信息,而且我看到短信的发送号码是10086,因此深信不疑。"郑女士表示,她随后点击了短信上附带的网址链接,进入了一个兑换话费的网页,并按提示输入了自己的支付宝账号密码和银行卡密码。郑女士等了几天,说好的话费却迟迟没有到账。更蹊跷的是,她发现自己在支付宝上绑定的三张银行卡内,资金缩水了。经查询资金流水,她发现2.7万元被盗。

三、防骗指南

一是不要轻信陌生号码发来的短信,即使是好友号码发来的短信,也要认真鉴别。在任何信息中看到陌生网址都不要随意点击,因为这些钓鱼网址都设计得与其要模仿的官方网站很像,用户很难分辨真假。

二是建议用户从官方的应用商店安装手机杀毒软件,不仅可以拦截各类诈骗短信、识别伪基站发来的信息,还能在扫描安装发现病毒APP时做出预警,避免受骗产生财产损失。同时要注意安装软件时尽可能不安装捆绑软件。或者直接关闭手机中"允许安装未知来源应用"的选项,一劳永逸。

三是如果手机信号很好却不能正常拨打电话,那么该手机很有可能接入了伪基站,建议尽可能等一段时间再拨打。不要随便打开短信中的网址链接,以防被诱入钓鱼网站。

四是同时要注意保护姓名、电话、银行卡号等个人重要信息,不要轻易透露给他人,也不要在不熟悉的网站上录入,更不要把手机上收到的验证码透露给对方,以免信息泄露,造成财产损失。

第五节 快递签收

一、概述

目前快递签收型诈骗主要有以下三种情况。

骗局一:栽赃陷害型

骗子先打电话自称是快递公司人员,告诉你有快递物品,但由于天气潮湿看不清具体地址、姓名,只知道电话,请你提供地址、姓名。然后就有快递公司投递人员上门送来物品,一般会是假烟假酒,请你签收。看到有东西送来,许多人便不问来处,随意签收。只要你一旦签收,随后就会有人打电话告诉你:快递你已经收了,必须按他们给出的银行账户汇钱,一般索要数万元,如果你不肯给,便有讨债公司或社会上不良人员上门骚扰。

骗局二:内鬼使诈型

"快递员"从中使诈。曾经有一位女士网购了化妆品,在收到包裹支付邮费后,较为大意没有检查,当打开包裹时,发现自己购买的高级化妆品竟是6瓶廉价的润肤甘油,在与厂家联系后,双方协议,再发一次货。当包裹再次送来时,这位女士的先生当面打开了包裹,发现仍是假货,随即抓住了准备逃跑的快递员。据这位"快递员"说,自己根本就不是快递员,他受雇于某快递公司员工,而该员工则利用工作之便,将客户的真包裹以拒收为由退回,再拿着假包裹去诈骗客户的货款及邮费。

骗局三:自导自演型

骗子先以邮政工作人员身份,给受骗人打电话(或是语音电话、人工电话、短信),告知受骗人有包裹,因为内有毒品等违禁品被警方查扣,并提供一个警方电话,让受害人与警方联系。

二、案例

家住三台县城的江女士在上班时接到了县城一家快递公司打来的取件提示电话,叫江女士去单位楼下取个包裹。当时,江女士并没有多想,认为可能是朋友送给自己的"七夕节"礼物,便来到了单位楼下准备把这个包裹取走,可是根据快递员的介绍,江女士才知道,这是一个代收货款的包裹,需要支付18元钱的货款才能取走,江女士误以为是快递费便支付了18元钱,当江女士回到家中打开这个包裹,看到里面是一个红色的首饰盒,首饰盒里还放着一个类似于水晶的项链,里面还包裹着一个类似黄金的小天使图案,拿手里仔细一看江女士才知道,自己肯定是被骗了。

江女士说:"东西拿在手上重量特别轻,像塑料一样的东西,当时我很气愤,就把这个东西的照片发到朋友圈,结果都说没有送我这礼物。我就想我肯定是受骗了,我就在百度上面搜索了相关新闻,果然很多网友也有相似的经历。"

三、防骗指南

对于快递签收诈骗型情况,建议从以下几个方面加以防范,维护自身合法权益。

一是一旦收到邮包或快递来的物品,先当面打开查看货物后再付钱是非常必要的。如果在收货过程中发现异常情况,网购者可以拒签快递单,并与卖家联系。

二是尽量销毁或涂抹废弃订单上的主要信息。

三是家里由老人签收快递的,子女要提醒长辈进行确认是否上网购买过相关商品。

四是遇到陌生电话时一定要引起注意,千万不要轻易将个人信息泄露出去。

五是遇到可疑情况可拨打110进行咨询或直接报警。

第六节 机票、车票退改签

一、概述

网上订购返程机票,临近出发还剩几个小时突然收到"返程航班取消"的短信,需要改签。因为时间紧迫,事情紧急,赶紧联系短信上所提供的开头为"400"的客服电话,不明真相的乘客,在"客服"的解释和引导下一步步走向诈骗者设好的陷阱,不仅提供了自己银行卡信息,还将银行的验证码当作机票改签的确认码发给了诈骗者。机票改签诈骗到底是如何进行的,此类事件又是靠什么骗取乘客的信任呢?

二、案例

小贾是西安一所高校的在校大学生。2016年8月下旬,他通过第三方平台,购买了一张从南京飞西安的机票,起飞时间是9月1日。

就在坐飞机的前一天,正在收拾行李的小贾突然收到一条陌生号码发来的短信,"尊敬的旅客您好!我们很抱歉通知:您预订2016年9月1日的航班(南京——西安)由于机械故障已取消,请收到短信后及时联系客服办理退改签业务,以免耽误您的行程!(注:改签乘客需要先支付20元改签手续费,无须承担差价,并且每位乘客将额外获得航班延误补偿金200元)。"小贾急忙拨打了短信中的退改签机票专线,对方自称是某航空公司的客服,并一口报出了小贾的姓名、电话、身份证和航班号等信息。

在确认了上述个人信息后,这名"客服"要求小贾在银行ATM机上打印改签需要的付款凭条,再带着凭条去机场柜台办理机票改签。小贾赶到银行后,按照这名"客服"的提示一步步进行操作。结果,几轮操作后,小贾卡内的6800元全部被转走。

三、防骗指南

(一)拨打客服电话

由于急于出行,或者被困机场等各种无奈,人们常常宁可信其有,或者绝大多数时候对这类诈骗信息都没持有太多的疑问。搞清楚航班的具体情况是非常必要的。这时,一定要通过官方客服电话或者官方网站了解情况,而不是拨打诈骗信息里的电话。

(二)了解退改签流程

对航空公司退改签流程的了解有助于我们分辨出哪些是虚假的信息。如果不是航空公司本身的原因,旅客要求退改签,航空公司会根据相关条件,在必要时要求旅客支付相应的变更费用;如果因航空公司原因导致了旅客要求退票,旅客如果退的是始发站的票,则航空公司应退还全部票款;如果旅客退的是经停地的票,航空公司应退还未使用航段的全部票款,并且均不收取退票费。

(三)汇款千万要慎重

无论是什么形式的诈骗骗子最终的目的就是钱。一定要保持提防意识,任何情况不要点开陌生的链接,不要轻易汇款给陌生账号,不要透漏自己的身份信息和银行卡信息。正规的售票渠道或航空公司在退改签时都不会要求旅客提供银行卡信息,只要是要求旅客提供银行卡信息的,就必定是诈骗。必要的情况下,首先选择报警[①]。

---

①董地.大学生防范电信诈骗的现状分析及教育对策研究[D].南京:南京邮电大学,2018.

第十章 网络传销、招聘诈骗的防范

第一节 免费陷阱

一、概述

随着网络的普及和发展,各种诈骗手段也层出不穷,给广大人民群众造成了大量的损失。当今社会网络传销诈骗屡禁不止,就是利用普通民众对相关知识的不了解、对事件的不警惕,不断进行着违法的传销诈骗。最近出现不少"免费获利,增值消费"式传销行为,宣称"消费不用花钱,免费购买商品""消费—存钱—免费""消费满500返500"等,欺骗性强、诱惑力大,引起不少人的兴趣,最终上当受骗。不法分子利用了人们的爱财心理实施诈骗,被欺骗感情、诈骗钱财而引发人命的悲剧屡见不鲜。

二、案例

"万家购物"网站所在的浙江亿家电子商务有限公司由应某等人于2010年5月组建。2010年7月起,"亿家公司"以"万家购物"等返利网站和"百业联盟"加盟店网络为平台,打着"满500返500"等幌子,以超高额返利诱使他人发展会员,并按等级计酬。

可怕的是仅两年时间,万家购物从注册资本10多万元网络代购商发展到日交易额3亿元的电子商务巨头。万家购物发展各级会员200多万人,遍布全国31个省(区、市)的2300多个县(市),是目前已知全国最大的网络传销案件。

为了更好地蒙蔽传销对象,万家公司通过花钱购买、赞助、提供支持等手段获取了一些所谓的政府、机构荣誉来装点门面。事实上,万家公司在荣誉的背后却大行网络传销的害人勾当。其计酬方式、公司分层级的架构、发展下线的做法都具有鲜明的传销特征。

三、防骗指南

参与网上的营销活动一定要明辨真伪,以免被不法分子诈骗遭受经济损失,甚至被骗参与传销等违法活动。只要提高警惕,不贪小便宜,保持清醒的

头脑,不轻易相信网络上发布的信息,通过有效途径对信息进行验证,不轻易
透漏自己的银行卡号及密码等重要信息,骗子的手段再高明,我们也不会上
当。除非网站经过安全认证,否则不要轻易进行操作。如果不慎陷入传销陷
阱,必须学会在第一时间拿起法律武器保护自己,唯有如此才能保证自己不受
伤害。

第二节 爱心互助

一、概述

由于网络这个大空间本身的虚拟性,人与人之间的交流是通过信号交流
转换传递的,而非面对面直接交流的特性决定了网络诈骗犯罪较之传统的诈
骗犯罪,具有其特殊性。表现为:网络是一个四通八达、没有边界、没有中心的
分散式结构,体现的是由开放的理念和堵不住、打不烂的设计原则。任何人都
可以接入互联网,向世界发布信息,传播自己的观点和理念,在这里信息跨越
了时空界限,实现了自由流动。网络在为人们的生活提供自由、便捷的同时,
也为犯罪提供了便利条件,使网络诈骗犯罪活动超越了时空条件的限制,犯罪
行为人可以在任何时间、任何有网络的空间虚构事实或非法获取访问权实施
犯罪。

二、案例

警方某日上午捣毁一个藏匿在山东烟台开发区某高档住宅小区内的特大
非法传销组织。经查,该组织以"爱心互助"为名在开发区部分小区内建立了8
个窝点,按照拉人头提成分红的模式进行非法传销活动,已有数百名群众上当
受骗,涉案金额约600万元。

2015年8月初,烟台开发区海河派出所接到群众报案,称辖区内某高档居
民小区里可能藏匿着一个非法传销窝点。经过细致走访与缜密摸排,8月18
日上午,开发区公安分局抽调近百名警力,划分行动小组对多个窝点同时展开
抓捕行动,将屋里吃早饭的嫌疑人控制住。

据介绍,这个非法传销窝点房屋经现场民警测量有270多平方米,是南北
通透的全海景房,装修豪华,里面摆放着供传销人员休息的床铺,50寸的液晶

电视机旁摆着价值几万元的仿明代酸枝木官帽椅。

警方根据现场其他涉案人员交代与细致勘查，在几个房间中发现了组织传销的证据，包括含有多章讲课内容的记录本、学员材料与大量现金；在一间卧室内，办案民警还发现了藏在床后用于非法宣讲的巨幅海报。

据了解，这个传销组织打着建立"爱心互助社"的名义吸引不明真相的群众参加，每名参会人员在申请加入时都要交5万元的会费。按照"发展层、三星、四星、五星一、五星二、五星三"组成6个层级，每个层级根据发展的下线情况领取相应的"工资"和"奖金"。

据统计，该传销组织下设40多个小组，分布在全国各地，每个小组约100名会员。不光参与人数众多，由于入会门槛高，该组织成员多为"高端人士"。

此次行动共抓获传销人员50余人，涉案金额约600万元，搜查到该团伙大量的犯罪证据。目前，开发区警方已经对19名嫌疑人采取了刑事拘留的强制措施。

三、防骗指南

以爱心互助为幌子的非法传销现在最常用的手法就是与直销混为一谈。无论怎样，直销与传销还是有本质的区别。只要符合以下三种情况，那无疑就是传销了：一是加入组织须交纳入会费（或购买产品）；二是介绍其他人进来就有业绩奖金；三是介绍的人越多，级别越高，收入越多，还有分红等。牢记以上几点就能预防这类诈骗。

第三节 网络营销、网络直购

一、概述

随着网络的发展，网络购物渐渐地变成了大众生活的一个重要部分。在淘宝、京东、一号店等电商崛起的同时，新型的诈骗手段也慢慢地开始萌芽。以网络购物为幌子，假借"网络营销""网络直购"等，吸引会员购买一定数额的商品，并推荐他人参加购物成为会员，根据下线会员的数量或购买商品数额的多少获得奖励。

二、案例

"教你108天买奔驰、6个月买房、一年开劳斯莱斯",打着微信营销的口号,号称"亚洲催眠大师"的陈某,2016年1月因领导、组织传销活动罪在南京市玄武区法院受审。3月17日上午,南京玄武法院宣判,陈某被判处有期徒刑8年。

相信大多数人看到这样的口号时都会觉得是一个天方夜谭,可是为什么还会有人义无反顾地跳入其中呢?让我们来看看骗局是如何展开的。

陈某自称"亚洲催眠大师",以推销其微信营销课程为名,打着"月入百万微信营销"的口号,陆续在上海、杭州、广州、厦门、福州、石家庄、北京、长沙、宁波、南京等地开展以微信营销为主要内容的"免费授课"。

但这种"免费授课",并不是真的免费,而是要求参与者交纳不同数额的代理费,成为其不同级别的微信营销课程的代理商。代理商通过手机微信软件,向社会大众宣传陈某的"微信营销"大会,吸引更多的人参加此会,成为陈某的新代理商,骗取他人的代理费,并形成包括陈某本人在内的多级组织层次。

陈某被公安机关抓获归案。经公安机关查明,已有329人作为陈某的代理商参与了其领导的传销组织。

法院经审理认为,陈某以推销微信服务为名,要求参与者交纳一定的费用成为其微信代理商,并按照一定顺序组织层级、以直接发展人员的数量作为计酬依据,引诱参与者继续发展他人,骗取财物,扰乱经济社会秩序,情节严重,已构成组织、领导传销活动罪。

法院开庭审理了陈某传销案。法庭上,陈某否认他此前宣称的身份:"我不是什么'亚洲催眠大师'。"据了解,陈某本人是中专学历,常年游走于上海、南京等地的社会培训机构学习营销,并无正规文凭。为维护公民的财产所有权以及正常的经济秩序和社会管理秩序,法院依照《中华人民共和国刑法》相关规定,做出了判决,并责令被告人退赔被害人损失461万余元。

三、防骗指南

疑似传销的营销模式普遍采用分级代理制度。一是做代理无须加盟费用,直接购买货物就可以成为销售代理;二是品牌代理有多个层级。拿货越多,层级越高,而最高等级的代理商则需要一次拿货数万元以上;三是成为代理后,就可以发展次级代理,也就是俗称的"下线"。每个层级的代理拿货价格不同,赚层级差价得到的收入要远高于直接销售,越高级别的代理依靠发展下级代理获得的收入越多。

其实,判断是否为正常的经营、正常的朋友代购还是传销,要素之一就是它的赢利模式是不是靠发展下线、发展人头,或者说是不是我们所说的一种金字塔形的赢利模式。相信大家经过理性的思考,一定能做出正确的判断。

第四节 网络游戏

网络诈骗是指一切利用网络进行诈骗的活动。在各类诈骗案中,网上诈骗日益猖獗,所造成的损失也日益严重。事实上,网络传销诈骗以其独特的方式、高额的回报,成为网络诈骗中的主要组成部分。而网络游戏类诈骗也是近几年兴起的一种网络传销诈骗方式。

传销团伙以网络游戏为诱导,假借"游戏股票""开心淘""金钱游戏"等游戏形式引诱玩家购买游戏充值卡或交纳会费,鼓励会员推荐他人加入,从而获得直销奖、销售奖。

这类诈骗我们平时上网就会看见,一般各类偏门网站右下角的广告就是这类诈骗的一种传播形式。

第五节 基金传销

一、概述

基金式传销是指经营者以销售基金的名义发展人员、组织网络、募集资金,参加者通过向基金会交纳理财金或以认购基金等交纳会员费的方式,取得加入、介绍或发展他人加入的资格,并以此获取回报;组织者、先参加者通过发展人员、组织网络或以高额回报为诱饵招揽人员并从发展的下线成员所交纳费用中获取收益的一种新型传销方式。基金式传销本质上是一种新型的传销,既具有普通形式传销活动的一般特征,又有符合其自身发展规律的独有特征。

二、案例

2004年,警方成功破获全国首例互联网基金传销案件——美国互联网基金案。据了解,该非法传销网络的结构为金字塔形,每一个金字塔系统分为12层,每一股基金在其中一个系统中占据一个位置,该位置向下又分支为两个位置。每一个加入这个组织的人,都必须出200美元的"基金认购金",先加入购买基金的人可从后加入人员的出资中获取收益。参与者以本人为顶点向下构成12层金字塔模式的传销网络。任何一个组织的参与者都在WorldNet公司网站上有自己的会员ID号码及密码,通过ID号码及密码可在网站上查询本人所发展的人数及所得回报。经过一段时间的调查取证,警方采取联合行动,破获了这一全国首例互联网基金传销案。

三、防骗指南

首先,投资者对不熟悉的经营模式和领域,要提高警惕,谨慎投资,以防掉入网络传销陷阱。在利用网络选购理财产品时,尽量要选择通过正规、信誉度高的发行机构购买,以最大限度地保障理财过程的安全性。其次,目前尽管很多银行开通了理财产品销售的网络渠道,如果要上网购买理财产品,必须在实体机构网点实名制开通网上账户,才能登录。同时,在网上理财时,最好利用移动密钥、U盾等,增强交易的安全度。

第六节 面试收费欺诈

一、概述

面试收费欺诈往往通过发布招聘信息、引导用户面试、巧立名目收费、恶意毁约等流程实现诈骗。经58同城网站统计,该类型招聘欺诈的平均金额为372元,占比达74%。

二、案例

2016年5月10日,张先生根据网上一则驾驶员的招聘信息,拨通了上面的联系电话并得到了面试机会。5月16日,张先生来到面试地点。他被带进一家KTV,自称是李经理的人已经在那里等着。随后李经理简单询问了张先生关于开车的问题,并拿出一份试用合同,告诉张先生交2500元加油卡押金之后就可以签合同了。急需工作的张先生确信无疑，交了钱后回家等消息。

第二天，张先生按照李经理的安排给徐总当了两天司机。5月19日，徐总让张先生交付押金1万元，称要和张先生签合同，正式聘用他。正式合同和高额薪水让张先生非常心动，虽然押金1万元有点多，但为了这份"好"工作，张先生咬咬牙把钱给交了。之后，张先生开着自己的车给徐总当了一个多星期的司机。张先生又给公司周总开了十几天的车。一日，周总称张先生的工作涉及公司商业秘密，需要签一份保密协议，并交纳押金1万元。

公司会出具一份收据和承诺书，承诺于6月15日将1万元押金和工资一并还给张先生。虽然保密协议上的公司名称与之前签订劳动合同上的公司名称不同，但张先生不舍得放弃这份高薪职业，便安慰自己这只是押金，再一次交出了钱。

翌日，周总出差，并把张先生安排给杨经理当司机。6月上旬，张先生问杨经理要工资，杨经理以各种理由推脱责任，始终没有支付张先生工资。后来，张先生试图联系之前那些经理讨个说法，却谁都联系不上了。

此时，张先生才幡然醒悟，他用自己的车给这个经理那个老板当了近一个月的司机，到最后一分钱没拿到不说，自己还贴了2万多元。张先生慌忙来到派出所报案。警方随即立案侦查，根据线索锁定犯罪嫌疑人孙某、刘某，并于6月14日将两人抓获。警方在两人房间查获5部手机及两张手机卡，并在其中一部手机内发现大量招工信息和与多名被害人联系的短信记录。

经查，孙某、刘某两人伙同他人，冒充周总及其助理身份采取相同手法、以招工为诱饵已骗取多人财物，包括张先生的2万余元、李某300元及iPhone6Plus手机一部、陈某700元和iPhone5s手机一部。孙某、刘某因涉嫌诈骗罪被上海普陀区检察院批准逮捕。

三、防骗指南

2016年2月以来，国家网信办会同有关部门，针对各类招聘网站开展专项整治行动，已有两批超过200家招聘网站被查处、关闭。

如果有人遭遇网络诈骗，需尽快拨打110报警，汇款后的2~3小时为最佳追查时间，若报案时间距离汇款时间较长，可能会出现多账户转账等问题，加大了追查赃款的难度。

第七节 监控面试招工

一、概述

监控面试招工是新型的招工诈骗手段,嫌疑人大多通过小广告、网络、短信等非正规媒介,打着高薪招聘的幌子,诱骗求职者面试。

二、案例

2015年春节刚过,河北人小刘就回到北京,想找份好点的工作。在某网站,小刘看到这样一条招工信息:某五星级酒店因春节前员工返乡较多,急招工作人员,薪酬丰厚,有意者请到酒店进行面试,联系人王经理。拨通王经理的电话后,对方要求小刘穿着整齐,第二天到酒店大堂等候面试。

小刘走进酒店,只见酒店装饰豪华,十分讲究,但没有看到王经理本人。再次拨打电话后,王经理让小刘在大堂沙发稍等。过了一刻钟,一个穿着一身黑西装、自称王经理的男子走到小刘面前说:"祝贺你,酒店决定聘用你了。""我还没面试呢?"小刘不解地询问。王经理解释说,酒店为了看到求职人员的真实表现和素质,有关部门通过监控录像对小刘进行了暗中"面试","面试"已经通过,过几天就可以上班。"你先交押金和体检费。酒店不要现金,直接汇入公司账号。"王经理留下账号后,转头就走。汇款5000元后,小刘却再也联络不到王经理了,向酒店前台一打听,酒店根本没有招工,也没有什么王经理。

三、防骗指南

如果遇上这类情况可以要求对方出示相关的证明来证明其身份。特别提示:要想找一份可靠的工作,首先要警惕找工作的媒介是否正式规范,一旦要求交纳押金等各种费用,且要求汇款,十之八九是诈骗。一般单位招工有严格的招聘制度,对于"监控面试"更是要格外小心①。

①梁大为,梁程浩.互联网金融诈骗防范手册[M].北京:北京邮电大学出版社,2018.

第十一章 互联网金融诈骗

第一节 P2P平台虚假投资投标

一、概述

P2P即互联网金融,人与人透过网络平台相互借贷。P2P理财平台上的"标的"往往让人眼花缭乱,数据显示有相当一部分问题P2P平台都涉嫌发布虚拟标、借款自用等行为,手段变化多端,实在让投资人防不胜防。

二、案例

优易网自称是中国香港亿丰国际集团投资发展有限公司旗下的P2P网贷平台,全称为南通优易电子科技有限公司。2012年12月21日,中国香港亿丰国际集团投资发展有限公司(下称"亿丰")发表声明称,亿丰旗下成员"从未有所谓的南通优易电子科技有限公司",同时,该集团保留对假冒或盗用集团名义的不法单位和个人采取法律行动、追究其法律责任的权利。当天(即2012年12月21日),优易网突然宣布"停止运转",网站无法正常交易,优易网的三名负责人,即缪忠应、王永光、蔡月珍便失去联系。当时有媒体评价,优易网涉案金额巨大,可谓网贷第一大案。此案直接涉案金额2551.7995万元,出借人受损金额1517.8055万元,受害者包括全国各地的60多名出借人。

三、防骗指南

一些虚假发布虚拟标骗局被揭穿了,但仍然有一部分正在秘密"演绎",投资人要如何练就一双慧眼,一眼看穿标的的真实性呢?首先要了解虚假标的的产生途径,一般虚假标的有两种产生途径。

一是源于平台:某些P2P平台为了募集资金,制造不真实的标的,以低成本吸引资金,再借给更高收益的借款人,以赚取中间的利差,这种行为容易产生庞氏骗局;另外,平台本身或股东借款自用,用于平台、股东的自有企业生产经营或偿还债务等,此方式属于平台自融,最可能发生平台卷款跑路现象。

二是源于借款人:由于某些P2P平台风控水平低,对借款人身份信息核查不到位,导致借款人以不同身份在P2P平台上发布大量虚拟借款信息,多次向不特定多数人募集资金,用于投资房地产、股票、债券、期货等,有的直接将募集的资金高利贷出赚取利差。

虚假标的骗局层出不穷,投资人在投资前可以通过以下方法鉴别P2P标的的真实性。

(一)分析借款标的的真实性

信息在不泄露隐私的前提下要最大程度公开;借款人借款信息是否清晰;借款人的身份信息是否详细,如借款人的年龄、职位、收入及单位属性等一系列基本信息;借款人的身份信息是否可靠,平台是否能提供有效的材料与渠道证明平台所发布的借款人借款与身份信息都是真实可靠的。

(二)查阅资金担保情况是否公开

如项目经过小贷公司或担保公司担保,对应的小贷公司和担保公司资质要可靠,信息要公开,与平台关系要清晰;担保资金情况要公开,资金托管协议、银行查询账号都尽可能要公开。

(三)确认平台是否有资金托管方

一个平台是否有资金托管公司很重要,能在极大程度上避免平台自融的发生。资金交收要由有牌照的第三方支付公司托管(这一条是基础,不过也有好多P2P没做到)。

(四)考察平台借款审核过程的透明度

尺度标准要公开,手续和资料要严谨。平台提供的证明材料是否合法且有保障的,是否通过公证机构验证等。

第二节 虚假借款诈骗

一、概述

在生活中,我们常常因为对于身份证重要性的错误认知,而贸然选择出借身份证。一些不怀好意的人拿到我们的身份证后就能开通网上银行,申请信用卡并进而做一些违法犯罪的事情,这些事件都会对我们造成很大的影响。

二、案例

2015年12月20日,高校学生何某找到同学胡某,让胡某帮忙出借学生证、身份证等证件资料,申请小额贷款。何某承诺,贷款的钱不用胡某还。胡某想到同学一场就答应了。何某借用胡某的身份信息后,顺利地在网上办理了贷款业务,很快该网络公司将2999元贷款汇到以胡某名义注册的支付宝账号内,实际掌握该账号的却是何某。后何某对胡某谎称,业务办理失败,并将贷到的2999元钱转至自已的账号使用。

5天后,何某继续用胡某的身份信息,在另一家网络公司办理了分期买手机贷款业务,办理成功后,何某将手机卖了5000元,用于个人挥霍。

由于何某没有如期归还贷款,贷款公司找上门,胡某才知道何某利用自己名义贷款套现2万元未归还,于是报案。2015年10月30日,何某被抓。据他交代,最初是想用贷款的钱去理财赚钱,后来没有赚到钱,实在还不上债,走投无路,于是骗了胡某。

4月1日,江夏法院以诈骗罪,判处何某有期徒刑6个月,并处罚金2000元。

三、防骗指南

一是应谨慎保管好个人的身份证等重要证件,一旦遗失要尽快挂失补办。

二是对身份证复印材料要慎重保管,在使用复印件时,可以在上面注明时间、单位和用途。

三是不要轻易将身份证借给他人,不要轻易将个人资料透露给别人。在提供个人资料给对方时,最好向对方索要回执。

第三节 非法集资

一、概述

非法集资是指单位或个人未依照法定程序经有关部门批准以发行股票、债券、彩票、投资基金证券或其他债券凭证的方式向社会公众进行筹集资金,并承诺在一定期限内以货币、实物及其他方式向出资人还本付息或给予回报的行为。

非法集资主要有四个特征：非法性、公开性、利诱性和社会性。非法性就是指国家法律对其是明令禁止的。公开性就是对社会公众进行公开宣传。利诱性就是公开承诺给投资人回报多少。社会性就是向社会不特定人员吸收资金。

二、案例

2001—2009年，沈桂林作为海口泰特典当有限公司董事长，通过借款方式融资用于该公司的典当业务及偿还借款利息，并向出借人支付2%~3%的月息。2009年以后，沈桂林通过本人招揽或公司员工、朋友等他人帮助招揽等方式，以个人名义，并以泰特典当、泰达拍卖等关联公司做担保，承诺支付月息1.5%~4%的利息，与他人签订借款协议借款。

沈桂林收到借款后，大部分用于偿还以前借款本息，还用于购买房产及豪车、字画等艺术品和手表、钻戒等奢侈品。2013年12月，多名被害人要求偿还数千万元本金，加上还要支付巨额利息，沈桂林的资金链出现断裂。沈桂林将登记借款金额、支付利息等资料的记录本烧毁后，于12月7日从海口出逃到中国香港，并辗转泰国曼谷、老挝万象等地。

截至案发，沈桂林共向210人非法集资金额共计88182万元。

2016年4月1日，海口市中级人民法院一审以集资诈骗罪判处沈桂林无期徒刑，剥夺政治权利终身，并处没收个人全部财产。

三、防骗指南

非法集资活动具有很大的社会危害性。一是参与非法集资的当事人会遭受经济损失，甚至血本无归。用于非法集资的钱可能是参与人一辈子节衣缩食省下来的，也可能是养命钱，而非法集资人对这些资金则是任意挥霍、浪费、转移或者非法占有，参与人很难收回资金；二是非法集资也严重干扰了正常的经济、金融秩序，引发风险；三是非法集资容易引发社会不稳定，引发大量社会治安问题，甚至造成局部地区社会治安动荡。

防范非法集资，要做到"五不"：一是高息"诱饵"不动心；二是老板"实力"不崇拜；三是"官方"背景不迷信；四是"合法"吸储不大意；五是熟人"热心"不轻信[1]。

---

① 刘宇熹.互联网金融模式[M].北京：中国水利水电出版社,2018.

第四节 积分兑奖品

一、概述

近年来,出现不少不法分子利用"改号软件"等工具对信息发送号码进行篡改,伪装成银行官方号码,向广大用户群发积分兑换信息,信息中会附带有木马网站链接,受害人若点击进入网站后,便会被提示输入密码或者验证码等信息,随后就会发生卡内现金被盗走的情况。

二、案例

2015年4月6日,北京的杨先生收到一条由某电信运营商发来的积分兑换短信,内容如下:"尊敬的用户您好,您的话费积分3160即将过期,请手机登录web10086.com/bank激活领取现金礼包。中国移动。"

见到短信是由自己手机号所在运营商的号码发送的,因网址与真实网址近似,杨先生并没有过多的怀疑,就用手机打开了网址。进入的也是一个标题为"掌上营业厅"的页面,页面要求填写姓名、身份证号、信用卡卡号、交易密码、预留手机和卡背后三位数等信息。

杨先生按照要求填写了相关信息后,点击下一步,又进入了一个标题为"全国银联信用卡提额专用"的页面。继续填写信息后就被要求下载一个安全控件(实际上是木马程序)。

当杨先生一切都按照页面提示提交信息后,页面就进入了一直等待的状态。不久后,杨先生就收到多笔消费短信,提示自己的信用卡被消费了7739元。

三、防骗指南

一般服务短信不会要求客户同时提供银行卡号和密码,如果是则该短信为诈骗短信。即使接到"官方"号码来电,也要根据来电内容综合判断分析是否为诈骗信息,最好是致电权威部门进行验证。

如果短信内有链接,则要分辨是不是官方网站链接,而不是根据页面是否和官方网站相同来分辨,更不要轻易在网站上同时输入自己的银行卡号、身份证号、手机号等信息,以及手机收到的验证码。收到短信提示的银行活动,如果无法分辨真假,一定要拨打银行客服电话进行查询,以免上当受骗,造成经济损失。

第五节 股票骗局

一、概述

股市有风险,投资需谨慎,别被股市高回报率晃了眼,谨防股市投资骗局,防范投资风险。

(一)向用户推荐十大牛股骗局

此类骗术通常以学习股票知识、推荐股票为名,向用户收取押金或保证金,对那些急于求成的新股民尤为有效。事实上,正规的证券公司一般是不会向股民提供付费荐股服务的,更不会以此为名向用户收取押金或保证金。他们通常发来所谓公司的营业执照、工商证明或组织机构代码等照片或图片,只要拨打证券公司的官方客服进行询问也就能清楚了。

(二)炒股软件骗局

股市利润高,绝大多数投资者都想在股市捞金,有炒股经验的投资者还行,但对于那些无经验、根本就不懂得股市投资的人,甚至一些懒人,想在股市获利,就去相信那些所谓的炒股软件。为了引诱投资者进入,不法分子都会声称,该软件能帮股民精确捕捉股票买卖点,有专家在线指导操作,甚至保证软件使用者每支股能获利多少。投资者一旦轻信承诺,花高昂的费用购买了此软件,结果往往是亏损越来越大。

炒股软件,宣称为"炒股神器",纯粹忽悠。只不过是为投资者提供了一些股市历史资料,让投资者更好地了解市场信息,是辅助工具。但是此软件并不能预知股市未来的走势。那些保证使用者能获利多少的软件一定是骗人的。

(三)股市黑马骗局

相信很多人都看到过这样的网络宣传标语"天天公开 X 只黑马,100% 获利,一年赚个百来万不是梦""只要8000元,就能提前买牛股,收益超60%""本公司发表资料仅供参考""3～5个交易日便可收益20%,稳赚不赔"……如此吸引人,散户看了哪能不动心? 散户被引诱加入 QQ 股票黑马群,然后群主指导投资者炒股,群主也会每天为客户提前布局而涨停获利的股票割单,巨额的收益让几千元甚至几万元的会费一下显得微不足道了。

股市黑马骗局,主要是通过 QQ 群、短信等方式夸大宣传,诱骗投资者上钩,股民成为会员后,要求交纳高昂的会员费用,不法分子一旦骗到钱后再也不理睬,甚至玩失踪。

二、诈骗案例

浙江安吉一市民原本以为可以通过炒股网站"神预测"赚大钱的,不料却被骗100余万元。

家住安吉的梁某和往常一样,在家里上网翻看网页,因为最近的股市前景大好,所以梁某对炒股有着很大的兴趣。他发现一个名叫"××证券"的网站上股票预测信息十分准确,因此梁某拨打了网页上提供的电话,想和这家炒股网站"合作"炒股。

客服告诉梁某想要成为会员需要交纳2500元入会费。之后,对方提供了一个建行账户,梁某通过银行转账给对方2500元。

第二天早上8点,一名自称是"××证券"客服的男子打来了电话,并说只要资金到账,确认后就会将资金返还。尽管当时梁某有些犹豫,但后来还是按照对方的要求分两次转了30万元、70万元到对方的账户。

然而,梁某等了很久,一直到下午4点多,100万元也没有转账回来。梁某不断联系客服,但对方的手机已经关机了。梁某意识到被骗,立马报警。

警方接到报案后,根据受害人的讲述,立刻采取行动,希望能够冻结该客服提供的汇款账户。不幸的是,100万元已经被骗子在一个小时前就划走了,资金已无法冻结。当警方再次登录梁某提供的炒股网站时,发现网页已经无法打开,梁某这才确信,自己是真的被骗了。

第十二章 校园贷骗局及其防范

第一节 校园贷的基本内容

一、校园贷的定义

校园贷又可以称为校园网贷,是指一些网络借贷平台向在校大学生开展的借贷业务。据调查,由于校园贷是最近几年发展起来的新金融模式,少有相关的法律约束,因此网络借贷平台发展良莠不齐,风险控制水平差别较大。此外,因为追踪现金流向比较困难,所以,很多为学生提供现金借款的借贷平台很难控制借款的流向,导致日常缺乏自制力的学生更是过度消费,助长不良风气。

二、校园贷的业务分类

校园贷严格来说可以分为五种类型:

第一种类型就是电商背景的电商平台。比如像淘宝、京东、唯品会等传统的电商平台提供的信贷服务:蚂蚁花呗、蚂蚁借呗、京东校园白条、唯品花等。

第二种就是消费金融公司。比如趣分期、任分期等,有些金融公司还提供小额度的现金提现。

第三种就是P2P贷款平台(即网络借贷平台)。主要是用于大学生的助学贷款和创业基金借贷,比如投资贷、名校贷等。目前因为国家的规定和监管,包括名校贷在内的很多正规网络借贷平台都已经暂停向大学生提供借贷服务。

第四种就是线下私贷。民间放贷机构和放贷人是线下私贷的主体,也就是我们通常所说的高利贷。高利贷一般都会经过虚假宣传,线下与借款人签约,做非法中介,需要担保,收取的利息也会超过正规借贷机构,更严重的是借款人还有可能会遇到暴力催收等问题。在这种情况下,受害人会遭受巨大的财产损失甚至还会遭到人身安全的威胁。

第五种是银行机构。随着校园贷的发展,银行也逐渐向在校大学生提供校园金融产品。比如招商银行提供的"大学生闪电贷"、中国建设银行提供的"金蜜蜂校园快贷"、青岛银行提供的"学 e 贷"等。

三、校园贷的有利方面

一方面因为当下是大众创业、万众创新的时代,国家为了鼓励大学生创业,在很多方面都给大学生创业者提供了优惠政策。很多大学生都认为这是一个难得的机会,便纷纷自主创业。可是因为在校大学生基本上都是没有经济来源的,创业基金对他们来说就是第一个难题。俗话说"巧妇难为无米之炊",资金问题成了大学生创业道路上的绊脚石。恰好校园贷能够解决他们的难题,帮助他们渡过这个难关。所以说一定程度上校园贷确实给大学生创业者带来了很大的便利。在校大学生一般都不想向父母要资金作为创业启动金,校园贷对他们来说就非常便利了,因为申请校园贷手续简单、快捷。一旦创业成功偿还校园贷的钱也就不是问题了。这是一个稳赚不赔的方法,当然得有一个先决条件,那就是创业者必须创业成功,否则,等待他的将是看不见底的深渊。

另一方面就是满足了大学生的消费需求。校园贷的产生是这个时代的发展产物,而大学生市场的需求就是它存在的主要原因。校园贷作为一种提供贷款的金融模式,能够在一定程度上满足大学生的消费需求,这给资金不足却有着较高消费需求的大学生一个很好的缓冲"地带"。

校园贷的产生在一定程度上也刺激了经济的发展。无论校园贷的发展如何,它作为一种金融模式,毫无疑问对经济的发展有着一定的促进作用。它开拓并发展了之前一直被银行忽略的校园市场,校园市场非常庞大,在一定程度上刺激了经济需求,带动了经济市场的发展。因此对待校园贷我们不应该全盘否定将其一棒打死,而是应该用辩证的思维正确看待校园贷、认识校园贷。

四、校园贷的不利方面

到目前为止,因为校园贷市场并没有十分明确的相关法律规定,因此并没有形成成熟稳定的管理制度和金融市场。一些不法分子就瞄准高校在校生,利用他们对社会认知能力差,金融方面的知识薄弱,防范心理弱等劣势,进行短期的小额贷款业务。从表面上看我们并没有觉得有什么不妥,只认为这是一种薄利多销的营利手段,但实际上不法分子从中获得的利率是银行的二十倍以上,肆意地赚取学生的钱财,给学生和社会带来了不少危害。

因为校园借贷平台给学生们提供了借款、贷款业务,一方面来说,一定程度上减轻了学生的经济困难,但从另一方面来说。也会助长学生的不良消费习惯。大学生群体相对来说是比较特殊的,从法律角度上来看他们都已经是成年人,具备了自我辨别能力和自制力,但是实际上很多大学生似乎并没有具备"成年"的资格。他们在许多方面都不够成熟。比如我们最常见的消费习惯就是其中表现之一。现在还未发展成熟的校园贷遇上了没有完全成熟的大学生,就很可能助长大学生"不成熟"的想法和行为。

有的学生会有攀比心理,不理性消费和爱面子使他们逐渐丧失理智,导致他们不得不向校园借贷平台申请借款,而之后他们又会利用借到的钱继续不理性的消费行为,助长他们养成不良的嗜好,比如吸烟、酗酒、打架斗殴等,还会逃课甚至辍学,使他们逐渐走向堕落,严重的还会毁掉他们的前途。

另外就是一些不法分子利用高利贷进行其他的犯罪行为。放贷人可能会利用高利贷诈骗借款学生的保证金等,或者是在获得借款人的个人身份信息之后进行电话诈骗或者骗取信用卡等。

最后就是残酷暴力的催款手段。如果借款人无法按时归还借款,校园借贷平台就会采取各种手段威逼学生还钱,对学生进行电话、短信等一系列的恐吓,甚至还会威胁父母。这些暴力讨债手段不仅对学生及其家长的人身安全产生威胁,同时还会扰乱学校公共秩序。其中放贷人暴力催债的危害程度最高,很多大学生也因此付出了惨痛的代价。这不仅对学生自己和校园贷行业是一种摧残,对社会也造成了一种灾难。

第二节 校园贷的业务类型

贷款业务在如今的社会中已经是司空见惯,不管是学生还是社会人士多多少少都有过贷款的经历,大学生在申请校园贷的时候,一定要懂得辨别校园贷,选择正规的机构或者平台。

一、电商小额信贷

随着我国互联网科技的迅速发展,互联网金融也与时俱进,各种电子商务平台和互联网金融信贷产品逐渐发展起来。有研究表明,高校大学生作为新一代消费群体的主力军,成了电子商务和互联网金融平台进军消费信贷市场的主要用户,同时,这些新型消费手段也进一步影响了大学生的消费行为和消费模式。但同时出现了很多问题：一方面大学生消费群体有着自身的缺陷，逐渐呈现出消费观念与经济实力背道而驰的现象，所以很容易在这种先购买产品后支付的消费模式中失去了理性；另一方面，电子商务小额信贷作为刚刚开始发展的一种互联网金融产品，其商业模式正在摸索中，正处于发展阶段，在实际运作过程中还有很多的不确定性和未知性。

二、消费金融公司

消费金融公司是指不吸收公众财产，以小额、分散为原则，为中国境内居民个人提供以消费为目的的贷款的非银行金融机构。这些金融机构主要提供的贷款服务包括个人耐用消费品贷款和一般用途个人消费贷款等，比如趣分期、任分期等贷款机构平台。有些平台还提供较低额度的现金提现。由于消费金融公司发放的贷款是无担保、无抵押的贷款，因此风险相对较高，所以银监会便设立了严格的监管措施。

三、P2P贷款平台

P2P是英文peer to peer lending（或peer-to-peer）的缩写，翻译成中文的意思就是个人对个人或者伙伴对伙伴，称为点对点网络借贷。是一种聚集了小额资金并将这些资金贷给有资金需求的人的一种民间借贷方式。它属于互联网金融产品的一种民间小额借贷，通过运用互联网、移动互联网技术的网络信贷平台进行相关的理财行为、金融服务。一些P2P贷款平台用于为大学生提供助学贷款和创业启动金，如名校贷等。之后国家的相关监管要求变得严格，很多网贷平台都已经暂停了校园贷业务。

（一）P2P贷款平台的商业运行模式

P2P小额借贷是一种将小额资金聚集起来然后借贷给有资金需求人群的商业模式。它在社会上发挥的价值主要体现在能够提供个人需求、发展个人信用体系、提高社会闲散资金利用率三个方面。网络信贷公司（第三方网站）可作为媒介平台，借助互联网、移动互联网技术提供信息发布和交易实现的网络平台，将借、贷双方联系起来从而实现各自的借贷需求。借款人在媒介平台上发布借贷的消息，投资者进行竞标向合适的借款人放贷，价格由借贷双方自己商定，平台撮合其成交。在整个借贷过程中，一切手续包括申请资料、资金等全都是在网上实现的。它是互联网与民间借贷相结合的一种新的金融模式，也是未来金融服务发展的新趋势。

(二)P2P贷款平台分期贷风险

"月供350元,买苹果手机,立减500元。"在很多高校内都可以明显看见这些鼓励大学生超前消费的分期贷款购物广告语,非常醒目。这类广告的背后是很多P2P平台,类似于分期乐、趣分期、名校贷、靠谱鸟等,通过互联网渠道向有资金需求的人提供小额贷款的业务。

将目标人群放在大学生群体身上的P2P网贷平台主要有两种模式:一种是"P2P+分期购物"的购物模式,就像分期乐、趣分期等网贷平台;另一种是纯P2P模式,比如么么贷、靠谱鸟等。只用不到一年的时间,P2P网贷市场就已经非常热闹,迅速在年轻人中流行开来,特别受学生欢迎。

据业内人士了解,"校园分期贷"的办理流程相对于银行信用卡的申请流程更简单,基本上只要有学生证或者入学通知书、校园卡等能够证明是学生身份的证件就可以成功申请,而且申请下来的额度比信用卡的额度高。以趣分期为例,对于在校大学生来说,网上购物的额度就可达到一万元。从一位在趣分期工作的人员那里了解到,趣分期的运营模式可以解释为P2P平台的延伸,因为他们的资金来源是从P2P公司获得的,他们拿到学生的债权,然后再转手卖给P2P平台。

校园分期贷的盈利模式主要有两种:一种是将从P2P公司贷款所要支付的利息转给支付,因此学生在进行分期贷的时候就会支付高额的利息;另一种是与电商讨价还价,形成"商品低毛率+还款高利率"或"商品高毛利+还款低利率"的营利模式。因此,与银行信用卡分期付款年利率7%以下相比,校园分期贷的年利率通常在20%以上,"白条"的利息比银行信用卡高出一倍之多。么么贷的产品设计自称,么么贷的年利率通常在14%到24%。

根据趣分期的一位工作人员称,趣分期平台还会从借款人那里收取一定的管理费,并从这些管理费中按一定的比例缴纳风险备用金。如果学生超过规定还款日期三十天后仍未还款,就按照坏账处理,逾期所要支付的违约金等由平台先垫付。但同时,借贷平台的线下工作人员会直接上门催款,或者是联系学生的父母和朋友。另外,趣分期不管是给学生提供分期购物贷款还是直接向支付宝账号汇钱的"白条"服务,都只能用来在网上消费,所以对借款人来说本质上只是数字的变化,接触不到现金。

根据么么贷内部工作人员了解到,对于信用卡还款这一项目,么么贷是直接将这一笔钱汇入借贷人的信用卡中,就是说借款人只能用这一笔钱来还信用卡而无法用于其他消费。借贷双方的信息是完全透明的,么么贷平台不参与资金保管。对于借贷人的信息审核,是通过银行、金融机构等大数据分析,从填写基本信息到系统自动审核、评级、确认是否通过,一共花费不到二十分钟就能结束。在这些分期贷工作人员看来,大学生的逾期率高,但是坏账率不高。为什么呢?因为他们觉得无论如何学生都有家长的支撑。但是,不管怎样,我们都应远离这些贷款项目,为了让自己拥有美好的大学时光,也为了家庭的幸福。

四、线下私贷和民间借贷

线下私贷或许对我们来说很遥远,但有时也能影响我们的生活。什么是线下借贷呢?线下私贷的主体是由放贷机构和放贷人组成的,也可以认为是我们俗称的高利贷。高利贷通常都会进行虚假宣传、线下签约、做非法中介、抬高利率,甚至还存在暴力催收的问题,受害者通常会遭到巨大的财产损失甚至威胁到自身安全。

民间借贷主要是指自然人与自然人之间、自然人与法人之间、自然人与其他组织之间的借贷业务。只要借贷双方当事人的意见是真实的便可立即生效,因借贷产生的抵押也会相应生效,但是借贷之间规定的利率不得高于法律规定的36%,如果超出的话,超出部分不受法律保护,是无效的。另外我们要知道的是,经过银行或者金融监管部门批准同意设立的从事贷款业务的金融机构或者其他相关机构,他们所进行的发放贷款等相关金融服务,不属于民间借贷的范畴。

区分“套路贷”与“民间借贷”的关键主要有以下几点:

一是借贷的目的是否有非法侵占他人财产的想法,这是两者的本质区别。民间借贷的目的是通过向借款人放款从中获取利息收益,借贷双方主观都不希望出现违约的情况,出借人是希望借款人能够按时还款。而“套路贷”的出借人则是打着借款的幌子,通过一步步地设计、引诱,使借款人违约,被迫垒高债务,最终达到非法占有他人财产的目的。

二是否具有“欺诈”性质。民间借贷关系的成立是建立在借贷双方自愿而且清楚双方真实意愿的基础上,而“套路贷”具有诈骗行为。“套路贷”千方百计地设计,通过制造债权债务的假象来迷惑大家,非法侵占他人财产。

三是催债手段是否具有强制性。“套路贷”通过各种手段将借款人需要偿还的金额抬到很高,违背了借款人的本意。借款人很难甚至不可能自愿还款。因此催债人便会实施强制性手段软硬兼施或者借助诉讼等方式,最终逼迫借款人还款。

五、银行机构

一方面,由于校园贷市场的乱象,国家监管越来越严;另一方面,监管部门开始鼓励银行开展校园贷业务。赶走了高息的校园网络借贷平台,请来了银行正规军,暂停了不良平台的校园贷业务,校园贷问题是不是就会消失?

还是有一定难度。银行贷款服务对象一般都是有信用记录的人群和信用较好的人群,而在校大学生是刚开始脱离父母独立生活且没有信用记录的人群。银行怎样有效筛选合适的借款人群,怎样正确判断信用控制风险,怎样规避违约风险等,都是相当头疼的难题,而且让人无从下手。其中一个办法就是银行选择与学校合作,可以降低风险但是不能消除风险,可以通过调查家庭背景、落实家长的第二还款责任方等方法,在控制风险方面有所帮助。

第三节 校园贷的几种骗局

一、校园贷之"美容贷"

(一)揭秘美容贷幕后真相

自从校园贷因高利率等一系列问题,被相关机构监督后,就退出了市场。可是另外一些非法组织却披上了华丽的衣裳,专门瞄准那些缺乏社会经验、金融消费知识的大学生群体。美容贷就是其中之一。

近些年,随着国内医美市场规模不断扩大,一些互联网金融公司以及一些金融消费平台也进入这个行业之中。

互联网金融和不同行业相结合,是未来发展的必然趋势。但由于近些年发展起来的美容贷等,都属于新生事物,其相应的监管滞后。那些美容机构承诺无利息、无手续费的宣传,听上去很方便,事实上却暴露出背后很大的问题。

没有任何一家互联网金融公司会做没有利益的事情,只不过利润不在明处,而在暗处。在美容机构和贷款平台之间还有美容贷中介,他们的合作一般体现在分成上,中介可以拿到贷款额的30%,甚至是60%的提成。

在这种"里应外合"之下,医院以及美容机构可以吸引更多的客源,还能拿到不菲的分成;贷款平台有了客户;中介赚取了佣金。只有大学生被步步诱导,最终欠下了"一屁股债"。

(二)大学生要怎么预防美容贷

当我们走进整形美容机构,才会发现变美的代价动辄就是几万、十几万,工作人员还会热情向你介绍,可以选贷款,分期付款等不同付款方式。但是,我们需要透过现象看到问题本质。美容贷不过是变相制造需求,增加资金端。为了避免更多大学生落入骗子的陷阱中,我们应该学习一些防范美容贷的小方法。

一是禁得住诱惑。古话说"天上不会掉馅饼"。贷款美容还不收利息,世上哪有这么好的事情呢?凡事都需要通过自己的劳动,才能有所收获。为什么生活中会有很多人被骗?不仅是因为骗子的手段"高明",更因为受害者在面对诱惑时,不能理性抵制,这才让骗子有了可乘之机。

二是拒绝过度消费、超前消费。大学生屡遭美容贷陷阱,就说明了一个问题:他们过度、超前消费。为此,大学生一定要树立正确的消费观,养成勤俭节约的好习惯,才能让美容贷陷阱不攻自破。

三是保护个人信息。当大学生看到"免费""优惠"等字眼时,很容易冲昏头脑,不假思索地将自己的个人证件出示、复印,不细看就在合同上签字。这些反映出大学生缺乏防范意识,不知道保护自己的个人信息。为此,在生活中遇到需要出示个人证件的事情时,一定要三思而后行。

四是学习基本的金融知识。大学生想要避免掉入类似美容贷的陷阱,在平时需要学习一些基本的金融知识。比如,将信用消费作为常识融入大学生学习当中,进一步帮助大学生建立信用意识,学会恰当使用金融工具。

二、校园贷之"高利贷"

(一)关于高利贷的相关概述

高利贷指索取高额利息的贷款。按照《最高人民法院关于人民法院审理借贷案件的若干意见》第六条规定:"民间借贷的利率可以适当高于银行的利率,但最高不得超过银行同类贷款利率的四倍。超出此限度,超出部分的利息不予保护。"

高利贷存在趋利性、隐蔽性、不公平性等特点,极大地危害了正常的金融秩序。为此,大学生在签订高利贷合同时,一定要看清合同再填写,避免事后吃"哑巴亏"。与此同时,日后还款出现问题时,合同是向法院提起诉讼时的有力证据。

当前高利贷普遍存在两个陷阱：一种是出借人和借款人在借条中故意逃避法律，借条中并不会写下具体的高额利息，而是将利息直接写入借款本金中另；一种是当借款人拿到借款时，利息会被提前扣留。这类案件起诉到法院时，因证据缺乏，法院只能根据证实予以处理。

(二)大学生经常误入的高利贷套路

套路一：借点短钱，利息不会很高？

在校园高利贷中，借贷商经常会利用"借贷额不高，但会让你越借越多"的套路。放贷者为了引诱大学生借款，最初只会提供3000~5000的贷款金额，另外贷款期限较短，短期内产生的利息金额不高，借款人不会很敏感。可是加上各种手续费后，实际利息却十分高。一旦大学生无法及时偿还贷款，就会陷入拆东墙补西墙的恶性循环中。

套路二："砍头息"坑人不轻

你听过"砍头息"吗？简单来说，就是放高利贷的人在给借款人发放本金时会扣掉一部分要付的利息钱，这部分钱就是砍头息。我们举例说明一下：某大学生向高利贷借了10万元，可是放款人在给借款人汇款时会直接将2万利息扣除，只给借款人8万元。但借据上放款人还是给借款人开出了10万元的借据。简单来说，借据金额要大于实际借款金额，而大学生群体缺少自我保护意识，即便感觉此过程存在问题，也不敢说，只能任人摆布。

套路三：巧妙规避法律风险

为了更好地规避风险，一些高利贷机构会采取更隐蔽的手法。因为法律不保护高利贷，为此放款人会要求借款人到银行转账并拿走现金，从而留下银行流水作为证据。比如，放款人和借款人一起到银行转账，放款人会根据承诺取20万元汇到借款人的银行卡中。随后，放款人会让借款人取出10万并拿走，借款人并不会拿到还款单。这样一来，到最后借款人拿到手的只有10万，可银行流水却显示有20万的账目出入。

(三)校园高利货的危害

大学生在缺钱的情况下，很容易走向高利贷。却不知，高利贷的危害会有多大。

1.掉进"以贷养贷"的陷阱

如果大学生通过正规渠道贷款，每个月按时还款还算轻松。可是一旦借了高利贷，高额利息就会让你很难按时还上，无奈之下大学生只好用新的贷款还旧的贷款,从此就步入"以贷养贷"的恶性循环中,一直到最后利息越滚越多。

2.遭受"暴力"催款

正规贷款机构在催款时,一般态度温和,不会采取过激行为。而高利贷机构为了索要欠款,一般会不择手段,电话、短信轰炸都是小儿科,墙上喷漆、门口泼粪、让艾滋病患者帮忙催收等各种奇葩招式屡见不鲜。更有甚者,一些高利贷放款者还会和黑社会合作,直接到借款人家中打砸,威胁还款。

3.借款人做出极端行为

在高压催款情况下,一些借款人会选择"人间蒸发",甚至有些人还会走上诈骗、抢劫等违法犯罪的道路,更有甚者选择自杀……

无论是哪一种,都是我们无法承受也不愿意看到的。所以,大学生在缺钱需要贷款时,一定要找正规贷款机构。

三、校园贷之"多头贷"

多头贷指单个借款人同时向两家或两家以上的金融机构提出借贷需求的行为。一般情况下,多头贷意味着高风险。借款人同时向多方借贷也足以说明其资金需求出现大困难,应考虑到其还款能力。

在生活中,不少大学生第一次借贷可能只是因为一些小事情,比如买苹果手机、外出旅游等。不过,在没有稳定收入之前,贷款只会像是滚雪球一样,越滚越大,尤其是在小平台上借贷,其利率最终高到吓人,最终大学生只能从其他平台借贷,然后以贷还贷,最终沦入多头贷陷阱。

(一)为什么多头贷如此盛行

为什么大学校园内的多头贷会如此盛行呢? 一方面是因为一些银行、互联网金融公司等相继推出了个人贷款业务,一些工作人员为了提升用户流量或争夺客户等原因,将授信门槛降低;另一方面,大学生的购物、消费欲望增强,他们抵挡不住诱惑便主动寻找借贷平台。

当然,更多原因是因为各家现金平台以及数据征信公司的核心资源就是客户数据,他们之间不会随意共享,为此想要确切知道某个贷款人的具体贷款情况是有一定难度的。各个现金贷款平台对于贷款人的审核只能停留在其个人信用记录及还款能力等静态消息中,却无法获知他在其他平台的贷款情况等动态消息。

不过随着金融科技的发展,大数据在处理个人信息时的优势就会彰显出来,可以对用户资料进行数据记录、整理,从而判断用户是否存在多头贷的可能性。

(二)多头贷款申请时应该注意什么

当前,不少大学生存在多头贷的情况。如果不得以必须选择多头贷时,一定要注意以下几个方面:

1.同时申请两家银行进行贷款

一般来说,落"贷"为安的1~2个月之后,负债情况才到达信用报告。不过,千万不要认为这是系统存在漏洞。如果你的胃口过大,同时向4~5家银行贷款,建议取消此念头。因为申请银行贷款时,工作人员会第一时间查询个人信用,而此举将会被信用报告中的"查询情况"一栏所记载。在短期内,如果你的信用报告显示被查询次数过多,且都是因为申请贷款所致。那么,你将很难顺利实现借贷。为此,最多同时申请两家银行借贷才是明智之举。

2.当银行遇到民间借贷

如果你想要同时向三家银行借贷,恐怕很难实现。此时,一些民间金融机构会帮你解燃眉之急。不过,两者之间的还贷顺序要安排好。最好,以民间机构为先,银行贷款随后,如此多头贷的"劫难"才能顺利渡过。

3.额度适当,避免被多头贷款"砍"伤

多头贷是一把双刃剑,你可以享受到超前消费的快乐,但是如果使用不当会被其"砍"伤。一般情况下,不到万不得已的时候,不建议采取多头贷。为考虑日后的生活压力,建议申请较长的还款日期,这样每个月可以相对轻松还贷。

4.坚持每月按时还款

如果确定要申请多头贷,一定要做好按时足额还款计划,避免个人信用被破坏,避免产生不必要的滞纳金。

(三)多头借贷对征信有很大的影响

多头贷的产生和很多因素有关。虽然,多头贷本身并没有过错,但却存在很大的风险隐患。一般多头贷都存在着较大的信用风险,比如借新还旧,以及同时间内出现大笔多头借贷需要还款。一旦大学生出现多头贷的情况,那他就有可能在"拆东墙补西墙"。

贷款平台会对借款大学生的个人信用记录、经济来源、还款能力等进行审核,在其还款能力之内的才会发放贷款,并需要对方提供一定担保。在多头贷

的情况下,贷款人一旦无法及时还贷,必将会产生坏账的风险。

简而言之,一旦多头借贷出现问题,也就意味着你的征信中会出现多头贷的信息。这类信息一旦被银行等金融机构察觉,就是发出了不予发放贷款的通知。以后,即便你再遇到重大困难,急需资金,也很难从相关金融机构顺利获得贷款了。

四、校园贷之"培训贷"

随着一些大学生因无力偿还校园贷自杀的事件发生,相关部门开始对校园贷严厉监管。如今,很多大学生都在防范校园贷,他们已开始清醒认识到了校园贷的危害。可是,大学生们真正远离校园贷了吗?并没有,事实上,许多校园贷改头换面成了"培训贷"。

什么是培训贷呢?它指培训机构和P2P网络贷款机构进行合作,对培训者进行贷款,让贷款者以分期方式进行缴费的贷款模式。如今,很多招聘公司(本质是培训机构)借着招聘形式,对求职者进行高额培训,实质上却是做着发放培训贷的勾当。

(一)培训贷的套路

为了避免更多大学生掉入培训贷的火坑,我们需要了解培训贷的如下几点套路:

1.举办讲座,收集大学生信息

一些培训机构利用大学生毕业之后想要谋得一份好工作的心理,在校园内会举办免费的就业讲座。讲座可以免费让大学生听,可是每一位听讲的大学生都需要留下自己的联系方式,主要是手机号码,这样他们就掌握大学生的基本信息了。

2.集中营销,邀约上门,给大学生洗脑

在获知求职大学生的基本信息后,培训部门就会安排营销人员联系大学生,并为其提供免费测评邀约。在大学生咨询过程中,培训机构通过各种话语打击求职者的心理,让求职者认为自己毕业后会因自身能力不足而无法获得高薪工作,唯有通过培训才能获得更好的前程。

3.协助贷款,高违约成本

由于培训机构承诺培训结束后会推荐高薪工作,很多求职大学生就会相信。当求职大学生被成功洗脑后,就会面临支付高额培训费的问题,对于求职大学生而言是一笔巨额开销。此时,贷款悄然登场。当然,有些求职大学生得知需要缴纳高额培训费后,也会选择放弃。这时,培训机构就会抛出诱饵,承诺可以在工作之后还贷款。这样,很多求职大学生就会答应贷款培训,并将贷款支付给培训机构。接下来,求职大学生就要接受培训了。事实上,这些培训大多是网上的一些理论知识,并没有太大的实际用处。一旦求职大学生发现上当,想要放弃并要求退款时,就要承担高额违约金。一些求职大学生因拿不出那么多违约金,只好选择忍气吞声了。

(二)陷入培训贷骗局如何维权

当大学生遇上培训贷款骗局时应该怎么办?一般情况下,如果签订了贷款合同和培训合同,维权会变得异常困难。据相关律师表明,大学生属于完全民事行为能力人。只要他们和贷款机构签订的借贷条款也符合法律,即便培训机构没有培训资质,培训合同也还是有效的,贷款还是需要按照合同进行偿还。如果大学生要维权,需要在培训和贷款存在非法的前提下,通过以下三种途径进行维权:

一是如果大学生在签订培训合同和贷款合同的过程中,存在被胁迫等情形,大学生可以请求法院撤销培训合同、贷款合同。不过,必须要提供自己被胁迫等情形的事实证据。

二是培训机构没有履行培训合同中的义务。如果培训机构没有履行相应的义务,大学生可以向相关部门提出培训机构主动违约,如向消费者协会投诉、向工商部门投诉、向法院提起诉讼等。另外,大学生可以根据违约情况的不同,要求培训机构继续履行合同义务或者赔偿损失等。

三是培训机构跑路。如果培训机构没有履行义务就消失不见,那么其就涉嫌诈骗。受骗大学生可以到当地公安局报案,也可以向消费者协会、工商部门投诉。

需要注意的是,虽然维权行为可以终止或解除培训合同,但是大学生和借贷机构签订的贷款合同还是有效的。除非法律或贷款合同中明确规定,培训合同终止的同时,贷款合同也终止,否则大学生还是需要依法偿还贷款。

(三)如何避开培训贷

大学生想要避免掉入培训贷的坑中,一定要端正心态,具体从以下几方面考虑:

首先,大学生一定要端正自己的心态,不要一心想着毕业就能找到一份高薪工作,另外也不要认为通过简单培训就能让自己拥有"超能力",一个人的成功是需要慢慢积累的。

其次,对于各种培训辅导,需要量力而行。大学生需要充分考虑自身经济承受能力,从容应对,不能为了培训而盲目贷款,徒劳增加自身负担。

总之,为了避免给自己带来不必要的损失和伤害,最好的方法是无论在求职过程中还是听讲座时,但凡遇到有人诱导接受岗前培训、职业培训,一定要保持冷静的头脑,直接或间接表明自己不会接受培训,从一开始就远离培训贷的骗局。

五、校园贷之"刷单贷"

微信群或QQ群中经常会出现网络刷单兼职工作的广告,这些平台会先收取兼职大学生的钱,然后让其无休止地刷单,一直到兼职者的钱全部刷完都不一定能做完任务。虽然现今这种骗局早已老套。但是如今,在生活中又出现一种新型的刷单骗局。

(一)"诱人"的骗术先"给钱"后刷单

众所周知,刷单赚钱是一种骗局。一般情况是先哄骗付款,等确认后再将钱还给你。当你付款之后,就发现怎么也联系不上对方了。但是,如果先把钱给你,再让你刷单,你会怀疑到这是一个骗局吗?

近期一些高校校园中不少大学生到派出所报警,他们表示,在网上刷单时被诈骗了。随即,派出所成立了专案组,对此类案件进行侦查。不久,诈骗案被侦破了。据嫌疑人交代,他们会在大学生兼职群中散发兼职刷单的信息,表示只要大学生提供真实的个人信息,他们就会把钱汇到兼职人员的账户中。总之,不需要自己垫付刷单资金,就可以兼职赚钱。很多大学生都信以为真,可是真的会有这样的好事吗?

不会。真相是这样的:当骗子拿到这些个人信息之后,他们就会到网络贷款平台去贷款,然后将贷款当作报酬汇到大学生账户中。当大学生收到这些钱之后,就会信任这件事。可那些受骗的大学生并不知道,账户上的钱其实是他们自己贷款的钱。当他们刷过几单金额不大的商品后,骗子就会以系统故障等理由,让被害大学生将剩余的资金汇到所谓的公司账户中。不久之后,被骗大学生就接到还贷款的短信或电话了,之后就再也联系不上骗子了。

通过学习相关刷单贷被骗的案例,希望更多大学生能擦亮眼睛,千万不要被一些蝇头小利所惑,而背负上沉重的贷款。

（二）怎样避免陷入刷单贷

那么,大学生要如何规避刷单贷呢? 下面提出几点有效建议。

1.增强法律意识

不要轻易让别人拿自己的身份信息办理各种业务,不要用自己的身份证信息帮助别人办理各种业务,不要轻易将自己的身份证拍照或复印给外人,更不要轻易在文件中签自己的名字,否则出现任何后果都需要负相应的法律责任。

2.不要隐瞒过错,企图自己解决

如果贷款超过自我偿还能力,大学生一定要积极主动向家人等反映真实情况,寻求帮助。如此,可有效避免事情朝着更糟糕的方向发展。

3.一旦发现被骗

要及时向校方反映情况,拨打110报警。

六、校园贷之"套路贷"

何谓套路贷? 指借款人无法按时偿还贷款时,一些平台会主动引导,让借款人从其他平台借钱还债,为此使借款人陷入了连环陷阱中。另外,类似的现金贷平台还打着"低利息""零利息"的旗号。事实上,等借款人真正借款后,才发现杂七杂八的款项加起来,利率比起其他普通贷高得吓人,这些就是典型的套路贷!

（一）当前套路贷的几种模式

套路贷在本质上来说属于违法犯罪行为,法律是不会保护其本金和利息的。接下来,让我们一起了解关于套路贷的几种模式。

1.B区典型模式

这种模式是以团伙的形式对未成年或者刚毕业的大学生进行诱骗。他们有中介团伙和资方团伙相互配合,通过放高利贷、银行走流水的手段诱使大学生或未成年人签下比实际借款要高的借条。催还款的时候,又会以恐吓、侮辱性的语言来达到获得金钱的目的。这些都是不法分子精心设计的套路,通过这样的方式让借款人的债务在非常短的时间内以几何式的速度增长,然后通过违法、不正当的手段将借款人的财产非法占有。

2.J区典型模式

在该区套路模式中,具有非常高的"专业性"。犯罪嫌疑人通过成立公司,利用合法的外衣来掩饰自己非法圈钱。他们通过公司经营向社会经验不足的人放出高利贷业务,让借款人签下虚高的借条,之后在催款过程中使用暴力恐吓、非法拘禁等手段索要债务。需要注意的是,这种模式下的套路贷是有律师参与的,他们通过篡改借条,用虚假诉讼的手段实现自己的诈骗目的。

(二)揭秘套路贷的常用套路

从法律上来讲,套路贷并不是一个罪名,而是指放贷人或机构在借贷过程中采取欺诈或违法手段,进而获得不正当的利益。套路贷套路很多,有的相对隐蔽,有的相对公开,还有的是在挑衅法律的威严。接下来,就让我们一起了解关于套路贷的几种套路吧!

1.放贷前的套路准备

在签订借款合同之前,大学生一定要详细浏览合同中的条款。因为套路贷的相关负责人会在签订合同时,给你挖一个大坑,比如抵押、担保、"看点费""手续费"等。而对于法律不允许的条款,他们会通过"阴阳合同"进行掩饰,还美其名曰是为借款人着想。

2.还款中的套路

对于一些线下规模不大的贷款公司而言,其违约金比重较大。为此,很多套路贷中会故意让借款人违约,一旦借款人违约就要缴纳高额的违约金。比如,某个套路贷公司,要求在每周五下午六点之前还款,当借款人在还款时却突然联系不上对方,一直延迟到六点十五分才缴上还款。此后就被要求额外缴纳几千元的违约金。如果还款是在网络上操作,他们会通过设置系统故障等进行套路。

3.催款中的套路

在催款中有太多的套路了。首先是对借款人的骚扰,包括对与借款人相关联的人进行骚扰。其次就是上门催要,他们会通过在墙上喷侮辱性的文字、烧纸等方式,逼迫借款人还款。最后,还会使用一些带有暴力倾向的方式催款,借款人只要稍有反抗,就可能被殴打,甚至还会被非法拘禁。

4.逾期之后也会有满满的套路

借款人逾期之后,套路贷公司会通过暴力行为让借款人还上欠款。可是这并没有结束。他们还会继续让你缴纳高额违约金。当然,如果你还是没有钱缴纳,那问题就更严重了。比如,在签订车辆担保贷款中,他们会开走你的车,当你讨要车子的时候,高额的违约金以及拖车费用,又是一笔不小的债务。

5.没钱还? 还有套路等着你

如果借款人实在没钱还,你以为他们会让你吃"霸王餐"吗? 他们有的是套路。除了非法处理你的担保物品之外,他们还会"好心"帮你联系其他小贷公司,让你再借钱还贷。这些钱很容易被借来,可是这些借来的钱根本到不了你手中。事实上,有很多套路贷公司是相互之间有联系的,在这样以贷还贷过程中,从借贷十万,以致利滚利变成一百万是一件再容易不过的事情了。

上述这些就是套路贷常用的套路。当然还有一些套路并没有被列举出来。另外,这些套路也还在不断变化着。在这里需要提醒大学生,当你缺钱时尽量通过正当途径借款,避免深陷到套路贷中。还有一点是,套路贷属违法犯罪行为,一旦自己的人身或财产遭到侵害时,要及时向当地公安机关报案[①]。

第四节 校园贷的应对方法

一、校园借贷安全应对

(一)大学生自身的应对方法

1.辨别网络借贷平台是否靠谱

首先,要了解这个网络借贷平台创始人及高管背景,在网站上找不到CEO/CRO(首席风险官)个人信息的平台,都要引起高度警惕。

其次,要看投资界对这个平台的认可度,有独立职业风险投资人(VC)投资的平台一般来说经营风险更低。

再次,关注利率的合理性。金融行业的ROE(净资产回报率)最高在20%左右,这个临界利率传导到理财人那里,就是大约15%的收益率,因此平台过高的利率会带来极大的风险。

最后,要知道平台担保及安全措施。在中国,如果担保公司有五大评级机构给出的AA到AA+评级,这个网络平台就比较值得信赖。

2.校园网络平台借贷需谨慎

首先,要确定自已是否真的需要借贷,借款金额大小、期限和用途,筛选最对路的平台。利率要尽可能的低,利息太高不划算。

其次,要看清学历的限制。有的借款平台不支持专科三年级、本科四年级这样的情况,应换其他平台。尽可能选择信誉度高、安全靠谱的平台。

---

①陶红亮.校园贷知识读本[M].北京:应急管理出版社,2019.

最后,借贷后要及时还款,尽量别逾期。逾期会降低信用,有的平台会直接把这个逾期上传给央行征信中心或者第三方的征信机构,对以后升学、找工作、办信用卡、房贷、车贷等都会有影响。

3. 银行校园贷产品更可靠

银行校园贷产品是一种正规、安全、公平、有正能量的消费金融服务。例如中国建设银行2016年推出的"金蜜蜂校园快贷"、招商银行的Young信用卡(校园版)和广发银行推出的大学生专享信用卡"摆范儿卡",等等。

4. 自身的借贷观念要正确

正确的金融消费习惯的培养也是至关重要的,要学会"精打细算",切不可盲目攀比、过度消费、随意借贷。

(二)学校的应对方法

1. 加强学生风险教育,提升自身法治素养

大学生的思想政治教育无法一蹴而就,它需要学校和老师不断督促和教导。大学生虽然是成年人,但因为未曾离开学校这座象牙塔,习惯于这种受保护的状态,所以喜欢冒险,喜欢尝试新事物,但同时又具有"欠理性""自制力弱""消费欲强""防范心弱""不顾后果"的特点,这也造成他们经常做出和他们社会身份不符的事情,更糟糕的是他们经常对自己的不合法行为一无所知。在一些案例中,很多学生没有意识到要用法律武器保护自己的合法利益不受侵害,超过还款期限也不急于要求对方还款,以为自己跟对方解释自己现在没有经济能力,就万事大吉了,等到毕业之后赚钱再还也不晚。

因此,对学生的风险教育,对法律知识、合同知识的普及,对个人身份信息保护的警醒都迫在眉睫。与此同时,很多不是科班出身的老师也需要主动学习和汲取法律知识来提升自己,然后才能传达给学生正确的、全面的、有效的建议和观念。

2. 学校加强管理,设立金融中心

目前多个高校出现的学生网贷案例中,绝大部分都是由于学生没有还款能力引发的危机。其中通过"借款—消费—借款—还款"这种方法来暂时逃避债务的不在少数,但是这种方式只会让自己越陷越深,最后往往被多个贷款平台用各种形式追债。基于这种情况,学校可以设立学生金融中心,所有进入学校宣传的网贷平台都必须在金融中心备案,所有学生贷款也必须通过平台登记在案,避免再出现"拆东墙补西墙"这种恶性循环的形式。金融中心同时承担一些金融常识、法律常识的宣传,例如正常贷款的利率应该如何计算,贷款

利率在哪个范围之内属于良性贷款、会受法律保护,等等。

3.校园各职能部门发力,清除不良宣传

规范校园贷款不只是高校的事,也不只是学校某个部门的事,而是整个社会需要共同改变和遵守的事。单从高校方面来看,除了加强大学生思想政治教育之外,还需要切除不良宣传的来源。这就需要学校各部门通力合作,迅速有效地把这些宣传拒之门外,给大学生提供一个洁净的学习环境。

二、使用校园贷网络平台的注意事项

(一)费率

费率是分期的成本,很多分期平台都不能直观地了解其产品分期费率,往往只宣传分期产品或小额贷款的低门槛、零首付、零利息等好处,却弱化其高利息、高违约金、高服务费的分期成本。

(二)贷款风险

很多平台自身资金有限,需要在第三方金融机构贷款,并在借贷合同中加重消费者义务和责任,设定很高的违约金、逾期利息等,却不做出特别的解释和说明,在校生往往被诱导,在不知情的情况下签订合同。

(三)隐形担保

分期平台并非真的"免担保",在申请过程中提供的家庭住址、父母电话、辅导员联系方式等信息,实际上就是隐性担保,如不能按期还款,某些平台就会采取恐吓、骚扰等方式暴力催收。

(四)套现欺诈

分期市场经常出现"身份借用""做兼职代购"等套现欺诈现象,学生莫名其妙"被贷款"欠下巨债,因此要谨慎使用个人身份信息,尤其不要替陌生人担保,避免承担不必要的法律责任。

(五)高额度诱惑

如果看到类似"只要本科生学历即可办理贷款,最低5万起"的广告,千万不要相信,因为在校学生无法纯信用贷款5万元,某些平台中介利用目前网贷征信系统的漏洞,诱导学生在多家不同的平台重复借款,造成巨大的还款负担和坏账风险。

(六)商品缺乏保障

有些平台对线下供货商家的准入条件、经营资质把关不严,商品质量没有保障,容易买到水货假货。要到正规金融机构购买分期产品或服务。

三、校园贷款需谨慎,借钱之前有四问

(一)问借款人

借款之前,大学生应该问问自己,这笔钱是谁要借,借给谁。这个看似简单可笑的问题实则与个人信息安全紧密相关。不少大学生受骗,就是因为个人信息防范意识薄弱,想当然地把个人的身份证、学生证甚至视频信息透露给所谓"学长""学姐"甚至是"辅导员"等熟人,造成无辜负债甚至被卷入诈骗体系内。借款之前多问一句"借给谁",拒绝以个人身份名义贷款给其他人,警惕"熟人"诈骗。

(二)问借款用途

借款人确定是本人之后,要再三考虑借款用途。借款用于微创业、教育投资、适度超前消费等正当行为,可以帮助大学生解决一时的资金困难,体验精彩人生,勇敢追逐梦想,是校园贷平台鼓励的借款用途;而一旦用于过度消费的陷阱,势必导致窟窿越补越大,最终难以承受,酿成无法预估的惨剧。

(三)问借款平台

校园贷市场正处于发展早期,各种平台迅速崛起,随之而来的,是平台之间跑马圈地带来的恶意竞争,各大平台信誉参差不齐、规模大小不一、福利力度不等,给大学生在平台的选择上带来了困难。大学生借款意向确定之后一定要擦亮眼睛,要留意合同的规范性以及详细条款,对公章等信息需要再三确认比对以及仔细听取审核流程中客服人员的提示,另外,要警惕和防范打着"中介"或者"代理"名义号称可以提早放款、提额或者减免利息的人员,选择信誉度良好、操作流程规范、审核机制健全的大平台,切莫一味贪图福利诱惑而最终身陷骗局。

(四)问借款金额

大学生年轻气盛,做事容易冲动,借款之前一时兴奋往往会多借,而忽略了自己的偿还能力。借款时要考量自己的偿还能力,合理选择借款金额,注意规避逾期风险,按时还款,培养自己的信用意识,否则名誉钱财双双受损,得不偿失;考虑还款能力的同时,也要做好特殊情况下逾期的应对准备,一旦逾期造成还款压力,应该正面对待,积极应对,通过勤工俭学或兼职等形式努力还款,不逃避、不推卸责任,给自己树立一个良好的信用形象[①]。

---

① 王兴中.创建平安校园安全教育读本[M].3版.北京:北京理工大学出版社,2017.

参考文献 REFERENCE

[1]卜卓,卢歌.电信互联网诈骗防范一本通[M].北京:北京邮电大学出版社,2020.

[2]陈东焰.影子银行风险与监管[M].北京:中国社会科学出版社,2019.

[3]陈勇.支付方式与支付技术 从实物货币到比特币[M].长沙:湖南大学出版社,2018.

[4]戴小平.商业银行学 卓越21世纪金融学教材新系[M].3版.上海:复旦大学出版社,2018.

[5]董地.大学生防范电信诈骗的现状分析及教育对策研究[D].南京:南京邮电大学,2018.

[6]董作文,孙晶晶,孟钊兰.金融学[M].北京:机械工业出版社,2019.

[7]方秀丽.人民币反假知识读本[M].杭州:浙江工商大学出版社,2012.

[8]管涛.汇率的博弈 人民币与大国崛起[M].北京:中信出版社,2018.

[9]侯惠民.外汇资产管理师教程[M].北京:中国金融出版社,2018.

[10]李洪心.网上支付与结算[M].2版.北京:北京师范大学出版社,2018.

[11]李平.金融学[M].北京:北京理工大学出版社,2020.

[12]梁大为,梁程浩.互联网金融诈骗防范手册[M].北

京：北京邮电大学出版社，2018.

[13]刘岚.现代支付概论[M].上海：立信会计出版社，2019.

[14]刘宇熹.互联网金融模式[M].北京：中国水利水电出版社，2018.

[15]潘鸿生.投资理财智慧书[M].北京：北京工业大学出版社，2017.

[16]任舒倩.我国互联网保险的风险评估[D].长沙：湖南大学，2019.

[17]宋玮.商业银行管理[M].2版.北京：清华大学出版社，2017.

[18]陶红亮.校园贷知识读本[M].北京：应急管理出版社，2019.

[19]王天宇.我国存款保险制度研究[M].北京：中国金融出版社，2016.

[20]王兴中.创建平安校园安全教育读本[M].3版.北京：北京理工大学出版社，2017.

[21]吴琼.货币金融学[M].上海：上海财经大学出版社，2019.

[22]夏侯建兵.中国保险业信息化发展研究[M].厦门：厦门大学出版社，2017.

[23]杨国瑰.金融学概论[M].北京：经济管理出版社，2019.

[24]张炳辉.金融行业安全[M].北京：中国金融出版社，2018.

[25]张慧.金融理财[M].合肥：合肥工业大学出版社，2018.

[26]中国人民银行金融消费权益保护局.金融知识普及读本[M].2版.北京：中国金融出版社，2017.

[27]中国银行业协会银行业专业人员职业资格考试办公室.个人贷款[M].北京：中国金融出版社，2018.